Wolfgang Teichert · Jeder ist Judas

W0192332

Der Judas ghet noch ynn der welt
und richts hertzenleid an.

Martin Luther

Herr, bin ich's?

Matthäuspassion

Tabus des Christentums

Herausgegeben
von Wolfgang Teichert

Wolfgang Teichert

Jeder ist Judas

Der unvermeidliche Verrat

Kreuz Verlag

CIP-Titelaufnahme der Deutschen Bibliothek
Teichert, Wolfgang:
Jeder ist Judas : der unvermeidliche Verrat / Wolfgang
Teichert. – 1. Aufl. – Stuttgart : Kreuz-Verl., 1990
(Tabus des Christentums)
ISBN 3-7831-1049-1

© by Dieter Breitsohl AG
Literarische Agentur Zürich 1990
Alle deutschsprachigen Rechte
beim Kreuz Verlag Stuttgart
1. Auflage
Kreuz Verlag Stuttgart 1990
Umschlaggestaltung: Jürgen Reichert, Kornwestheim
Umschlagbild/Ausschnitt: »Meister der goldenen Tafel«
Satz: Layer, Ostfildern
Druck und Bindung: Wilhelm Röck, Weinsberg
ISBN 3 7831 1049 1

Inhalt

Vorwort

Es hat mich stutzig gemacht, daß in einer Vertrauensreligion wie der jüdischen und der christlichen so viele Verratsgeschichten auftauchen. Wie ist das möglich? Haben Verrat und Vertrauen mehr miteinander zu tun, als uns lieb ist? Auf jeden Fall weiß ich, daß kaum eine seelische Verletzung mehr zu fürchten ist als der Verrat. Dabei gilt die Aufmerksamkeit meistens dem oder der Verratenen. Das kann man an vielen Frau-Mann-Beziehungen heute entdecken. Die Verlassene, Betrogene oder der Getäuschte und Verratene bekommen unsere Zuwendung und unser Verständnis. Liebesverrat schafft Solidarität mit den Betroffenen.

Schlimmer und kaum auszuhalten ist jedoch jener Verrat, der andere ans Messer und dem Tod ausliefert. Denunziation ist eine der verabscheuungswürdigsten Taten. Nehme ich die Geschichten der Quislings oder der Verräter und Verräterinnen während der Nazizeit zur Kenntnis, dann möchte ich mich abwenden. Ich kann den Anblick nicht ertragen, muß verurteilen und mich distanzieren! Es gibt Abstufungen dessen, was ich aushalten kann oder bei mir selber entdecken mag. Vielleicht muß man den Verrat der Liebe oder den Verrat aus Liebe von dem politischen, dem ideologischen Verrat unterscheiden. Man muß auch die Bedingungen kennen, unter denen verraten wird. Denn Verrat ist nicht zu allen Zeiten dasselbe. Was gestern noch Tugend war, kann heute Verrat sein.

Dennoch suche ich nach Sprachbildern, Erfahrungen und Gefühlen, die sich um Verräter und Verratene bilden. Ich möchte darum die notwendige Frage stellen: Was geht im Verräter vor? Was treibt ihn oder sie zum Verrat? Entscheidet man sich dazu, oder wird man von diesem Ereignis ergriffen, so daß erst hinterher Zeit dazu ist, anzuschauen und zu bereuen, was geschehen ist?

Ich suche in diesem Buch sozusagen nach dem Ariadnefaden durch das Labyrinth der verschiedenen Gefühle, die beim Verräter und beim Verratenen auftreten. Dabei habe ich mich entschlossen, die Judasgeschichte des Neuen Testamentes als eine Art Führerin zu gebrauchen. Sie soll mir zeigen, was »Verrat« ist und wie man ihn erlebt. Ich fühlte mich ja selbst verraten von einem Gott, der »lieb« sein sollte und dem ich zu vertrauen geneigt war. Ein Gott, der verrät? Solche Vermutung stößt auf Denkhemmung. Sie ist zu gefährlich, zu anklagend, zu zornig. Gleichwohl: Ist die Vermutung einmal gefühlt oder erlebt, dann hat man keine Wahl mehr. Dann muß man ihr folgen.

Ich hoffte, daß in der Judasgeschichte der Evangelien und der legendenhaften späteren Überlieferung nicht nur ein Weg gezeigt wird, wie man am Verrat scheitert und tragisch zugrunde geht, sondern wie man auch – trotz schlimmster Verletzung – als Verratener und endlich auch als Verräter mit der Einsicht leben kann, daß Verrat zum Leben gehört und darum unvermeidlich ist. Mehr noch: Wie man selbst diese schlimme Verletzung, auf die traditionellerweise in den Religionen der Tod steht, eben doch ihrer lebensgefährlichen Wirkung entkleiden und sie so verwandeln kann, daß begangener und bestandener Verrat eine Art Initiation in das Leben sein kann, sofern er nicht »natürlich« und mit den bekannten Mitteln beantwortet wird. Selbst für diese dunkle Nachtseite unseres Lebens hält – so möchte ich der Judasgeschichte entnehmen – die Religion eine Art unterirdischen Pfad bereit, auf den sich zu trauen dies Buch anregen will. Natürlich spielt dabei das Gegenüber von Judas und Jesus eine große Rolle. Jesus ist ja nicht nur von Judas verraten worden, auch Gott kann als Verräter in Frage kommen, wie wir sehen werden. An Jesu Geschick läßt sich, das wollte ich entdecken, vielleicht auch absehen, wie man selbst noch den göttlichen Verrat auf sich nehmen und verwandeln kann.

Folgen wir der Judasgeschichte und ihrer Überlieferung in und außerhalb der Evangelien, so führt sie in merkwürdige Umgebungen: Wir werden uns beim Essen wiederfinden, und wir werden unser Verhältnis zum Geld überdenken, schließlich werden wir aushalten müssen, in tragische Gefilde zu kommen, die man nicht ändern, wohl aber in ihrer Bitterkeit anschauen und aushalten kann. Beim Schreiben ist mir deutlich geworden, daß sogar Verzeihung und Vergebung sich einstellen können. Aber sie sind Geschenke, die nicht einzufordern sind. Vielleicht müssen wir einander zuweilen erst als Verräter und Verratene erfahren, um zu ahnen, wie überaschend und wie erholsam die Regionen von Verzeihung und Vergebung und darum von Eros und Liebe sein können.

Bergedorf, April 1990

Erfahrungen mit dem Verrat

Dem Puritaner gelingt es nie,
von der bloßen Verurteilung
zum Erbarmen hinüberkommen.

Paul Ricoeur

Es ist vielleicht kein Zufall, in welchem Alter ich zum ersten Mal bewußt mit Verrat Erfahrungen machte. Ich war damals ungefähr dreizehn Jahre alt. Vor den Sommerferien hatte der Klassenlehrer mir einen Brief an meinen Vater ins Schulheft diktiert. Sein Inhalt lautete etwa: »Wenn Ihr Sohn in zwei Fächern bis zum Herbst nicht besser sein wird, dann bleibt er beim Schuljahrswechsel sitzen.« Ich wußte: Wenn ich diesen Brief meinem Vater zu Beginn der Ferien aushändigen würde, dann hätte ich arbeitsreiche und mühselige Ferien, keine Reise, kein Sport, nur Vokabeln und Grammatik. Also verschob ich es aufs Ferienende, ihn von dem Brief zu unterrichten. Am Ende der Ferien jedoch war es ebenso unmöglich, ihm den Brief zu zeigen. Es wären dann die Vorwürfe gekommen, warum ich das Papier nicht gleich vorgelegt hätte. Also entschloß ich mich, eine Phantasieunterschrift unter den Brief zu setzen. Leider traf der Lehrer nach einigen Tagen meinen Vater auf der Straße. Es kam heraus, wer den Brief unterschrieben hatte. Mein Vater zitierte mich in sein Zimmer. Ich gestand, daß ich die Unterschrift gefälscht hatte und dachte, damit sei die Sache ausgestanden.

Mein Vater jedoch zwang mich, mit ihm zusammen zum Direktor der Schule zu gehen und dort zu erzählen, was ich getan hatte. Ich habe dies Ansinnen als einen schaurigen Verrat meiner Schwäche und Not erlebt.

Bereits dies vielleicht harmlose Erlebnis machte mir deutlich: Verrat schmerzt. Obwohl ich – im heutigen zeitlichen Abstand und inzwischen ein Mann – sagen muß, daß mich dies Verratserlebnis auch irgendwie »reifer« gemacht hat, reifer, weil realistischer.

Ist es schon schmerzlich, verraten worden zu sein wie ich damals als dreizehnjähriger Junge, so ist es noch schwieriger, wenn man erkennen muß, daß man selbst zum Verräter geworden ist, entweder am anderen geliebten Menschen oder aber an sich selbst. Schuld oder schlimmer noch Scham sind dann meistens zu groß, als daß man das aushalten oder offen bei sich ansehen könnte. Für mich hat das Erlebnis mit meinem Vater eine doppelte Wirkung gehabt: Einmal brach in die Sicherheit des Ursprungsvertrauens sozusagen das Leben ein. Die mütterlich gefärbte Geborgenheit war nun endgültig dahin. Und das war zunächst schrecklich.

Zum anderen jedoch war dieser Bruch auch eine Art Durchbruch, eine Art Augenöffnung, daß die mütterliche Geborgenheit bei den Eltern nicht alles war, daß es da noch etwas gab, was schmerzlich zum Leben gehörte. Ich glaube übrigens nicht, daß mein Vater damals diese Überlegungen angestellt hat. Aber es war kein Zufall, daß mich dieses Erlebnis in der beginnenden Pubertätszeit ereilt hat. Denn diese Zeit ist ja – ob bewußt oder unbewußt – eine Übergangszeit vom kindlichen zum erwachsenen Leben. Der Verrat spielte bei diesem Übergang fast die Rolle einer Initiation.

Er war, wie ich heute sehe, so etwas wie die Einweihung in den tragischen Ernst des Erwachsenenlebens.

Ich möchte noch eine zweite, vielleicht schlimmere Verratsgeschichte erwähnen. Sie mag jeden pädagogisch engagierten Leser oder jede erziehungsbeflissene Leserin zunächst empören und unverständlich sein. Zum Besten gegeben hat sie der amerikanische Therapeut James Hillman[1]. Es ist eine jüdische Geschichte. Das ist wichtig zu betonen, damit sie nicht als Bestätigung antisemitischer Vorurteile gelesen werden kann: Ein Vater möchte seinem kleinen Sohn angewöhnen, daß er mehr Mut bekommt. Und so läßt er ihn jeden Morgen von einer Treppe herunterspringen; immer ein paar Stufen höher. »Ich werde dich auffangen«, beruhigt er die aufkommende Furcht seines Söhnchens. Und obgleich der Sohn Angst hat, springt er in die Arme des Vaters, jeden Morgen neu und von höherer Stufe. »Spring, ich werde dich auffangen«, sagt der Vater jedesmal. Und der Junge wagt den Sprung. Und als er wieder einmal von einer besonders hohen Stufe springt, da tritt der Vater einen Schritt zurück. Der Junge fällt voll auf die Nase. Als er blutend und weinend aufsteht, sagt der Vater: »Das soll dir eine Lehre sein, trau niemals einem Juden, und wenn es dein Vater ist.« Wir nehmen an, daß dies eine jüdische Geschichte ist, denn sonst wäre ihr Antisemitismus nicht auszuhalten. Beim Hörer dieser Episode regt sich Empörung über so einen Vater. Warum hat er seinem Sohn dies Verratserlebnis zugemutet? Ist der Vater nicht einfach sadistisch?

Was bedeutet es, von seinem Vater verraten zu werden? Oder anders gefragt: Was ist das für ein Vater, der jemanden verrät, wo ihm doch Vertrauen entgegengebracht worden ist? Aber auch: Was bedeutet es für den Vater, diesen Schritt zurück zu machen und also das entgegengebrachte Vertrauen in dieser Härte zu zerstören?

Die Geschichte wäre keine jüdische Geschichte, wenn nicht in ihr ein, geradezu erschreckendes, religiöses Moment mitschwingen würde. Was ist das für ein Gott, der seine »Söhne« opfert, verrät und leiden läßt? Eine Frage, um die sich keine Religion, die an einen »Vater« glaubt, nach den Schrecken der Konzentrationslager drücken kann. Denn das Urvertrauen in Gott ist damals durch die Erlebnisse in den Folterlagern der Nationalsozialisten in allerschrecklichster Weise verraten worden. Jedenfalls ist die beruhigende Sicherheit eines eindeutig verläßlichen (mütterlichen) lieben Gottes in Frage gestellt, wenn man in dieser Weise von einem Verrat betroffen ist. Man muß über den göttlichen »Verräter« nachdenken. Und man hat es immer wieder getan. Kein einziges Mal übrigens ist man in den Kirchen und auf den Kanzeln auf den Gedanken gekommen, daß dieser Gott eine gewisse Lust empfunden haben könnte, seinen »Sohn« leiden und sterben zu sehen. Einen sadistischen, von Grund auf verräterischen Vatergott nimmt nur die Schlange im Paradies an[2], nicht jedoch die Kirche in ihren offiziellen Verlautbarungen. Man könnte der Theologie Verdrängung vorwerfen, wenn sie die Schadenfreude auf seiten des Vaters nicht zum Thema macht und wenn sie Gott von allem Verdacht und aller Doppelbödigkeit ausklammert.

Aber nehmen wir einmal an, daß der Vater in der Treppengeschichte wirklich keine sadistische Freude empfunden hat, dann wird die Frage noch drängender, warum er seinen Sohn – so wie der göttliche Vater – ins Nichts hat fallen lassen. Da hilft wenig die Versicherung, daß dem Vater das Herz blutet und daß er ebenfalls weint. Es bleibt unbeantwortet, warum er diesen Verrat überhaupt inszeniert. Meistens bekommt man auf diese Frage keine Antwort. Da sind irdische Väter und himmlischer Vater sich ähnlich. Ihre Antwortlosigkeit gehört aber vielleicht sogar zum Verrat hinzu. Die Antwort auf dieses Geschehen ist ja wahrscheinlich zunächst vom Verratenen zu bringen, sofern er noch Kraft und Mut hat. Aber man muß gar nicht so tief gehen wie in dieser fast religiösen Geschichte des jüdischen Vaters. Der Verrat herrscht nicht nur zwischen Vater und Sohn, sondern heute – geradezu alltäglich – zwischen den Geschlechtern, zwischen Paaren zumal. Häufig wird er sogar kaum noch als Verrat empfunden.

Es fällt auf, daß sich in Paarbeziehungen heute häufig Frauen als verraten und um einen wichtigen Teil ihres Lebens gebracht sehen. Das dritte Beispiel eines Verrates stammt deswegen aus einem Text, den der Psychologe Tilmann Moser bezeichnenderweise »Stufen der Nähe«[3] genannt hat. Wir werden in diesem Buch Zeuge eines andauernden Dialogs zwischen Paul und Lydia. Es ist – man darf das gern sagen – eine Art komplizierter Liebesgeschichte, die zwischen diesen beiden typischen Vertretern der achtziger Jahre spielt. Sie sind gewohnt, sich selbst aufmerksam wahrzunehmen und ihre Beziehung als etwas Kostbares, freilich auch leicht Zerstörbares zu sehen. Es ist eine Art dialogisches Psychogramm zweier Menschen, die sich und einander lieben und wieder nicht lieben und doch wieder lieben. In der Mitte des dialogischen Geschehens läßt der Autor Lydia innerlich zu Paul sagen: »In ruhigen Zeiten kann ich gut von dir und mir denken als einem WIR. Manchmal spreche ich es fast jubelnd vor mich hin, manchmal gelassen und manchmal so, als sei dieses Wörtchen ein Fluch, der uns aneinanderkettet... Zu einigen vertrauten Menschen kann ich ruhig über UNS sprechen, selbst dann, wenn bitterer Krieg herrscht: diese wenigen verschaffen mir immer wieder Zugang zum selbständigen WIR, weil sie uns jenseits unserer Bitterkeit als ein zusammengehöriges IHR sehen. Andere wiederum vertiefen, schon wenn sie auftauchen, unsere Spannung. Ich kann ruhig und zuversichtlich, für mich allein, oder sogar mit dir zusammen, mit diesem WIR auf ernsthafte und glückliche Weise spielen, es pflegen, erweitern, darüber meditieren, und dann erscheint jemand aus deinem beruflichen Kreis oder ein Freund aus früherer Zeit, und meine Gelassenheit bröckelt ab, das Gefühl von Ausschluß und Verrat, von zerstörerischem Bündnis kommt auf... Mich überschwemmt die Angst, der Urgrund des Lebens könnte aus Verrat und Verlassen bestehen...«[4]

Als also etwas Drittes in die enge Zweierbeziehung des Paares Lydia und Paul hinzukommt, stellt sich das Gefühl von Verrat ein. Lydia setzt den Verrat hier gleich mit Verlassenwerden. Und diese Sprechweise erinnert natürlich an die Kindheit, in der das Kleinkind es ebenfalls als Verrat an der Symbiose mit der Mutter empfunden haben muß, wenn diese es immer wieder einmal verließ. Bereits dort taucht jenes Dreieck von Vater, Mutter, Kind auf, das Sigmund Freud dazu veranlaßte, in dieser Konstellation eine der Urspannungen des Menschenlebens zu sehen. Interessant ist, daß Freud zur Erklärung dieser Spannung – ob berechtigt oder nicht – den Ödipusmythos herangezogen hat.

Und das tut nun auch die legendäre Erweiterung der Judasgeschichte. Seltsamerweise nämlich berichtet die Judassage in der Legenda aurea, einer Legendensammlung des Mittelalters von Judas genau das gleiche wie von Ödipus. Wir werden in einem späteren Kapitel noch ausführlich darauf zurückkommen, wenn wir die Vorgeschichte von Verrat erörtern. Die Legende jedenfalls verwebt sozusagen die beiden Gestalten Judas und Ödipus und macht sie zu ein und derselben. Die Personen Ödipus und Judas werden austauschbar: »...also ward offenbar, daß Judas seinen Vater hatte getötet und seine Mutter hatte zum Weibe genommen. Da kam eine große Reue in sein Herz; und er kehrte sich zu unserm Herrn Jesu Christo.«[5] Soweit die Legende zur Vorgeschichte des Judas.

Mit ihr selbst nicht bewußter, aber feiner Ahnung für die psychischen Zusammenhänge findet die Legende heraus, daß »Verrat« und »Ödipusgeschichte«, Verrat und Verlassenheit etwas miteinander zu tun haben müssen. Und das – wie gesagt – tausend Jahre vor Freud. Mit jedem Verratserlebnis, so kann man hier schon folgern, belebt sich jenes Urerlebnis des verlassenen Kindes. Darum auch sagt Lydia, daß sie die Angst überschwemme, der »Urgrund des Lebens könne aus Verrat und Verlassen bestehen«. Die Angst vor dem Verrat hat eben solche Dimensionen, daß sie an den »Urgrund« wie an einen Abgrund führt. Und es hilft zunächst gar nichts, wenn man dann sagt, es gebe ja nun auch Vertrauen und Treue, so wie die Mutter periodisch ans Bett des kleinen Kindes zurückkehre. Das ist richtig. Aber solange man den »Verrat« isoliert betrachtet, psychologisch ausgedrückt: Solange man Judas abspaltet und ihn nicht in seiner Beziehung zu Jesus sieht, oder umgekehrt: Solange man Jesus einseitig positiv abspaltet und ihn nicht in seiner freundschaftlichen Nähe zu Judas ansehen mag, so lange muß der »Urgrund« ausschließlich als Verrat erscheinen, als Verlassenheit und sogar als Abgrund.

Das heißt: Bis in die Paarbeziehung zwischen Lydia und Paul wirkt sich aus, was in der Geschichte der christlichen Religion angelegt ist. Die Angst vor dem Verrat, vor dem abgespaltenen Judas, wird immens groß. Lydia fürchtet sich davor, vom Verrat verletzt zu werden. Jeder Dritte, der ihrem vertrauten Zweierglück in die Quere kommt, wird zu einer abenteuerlichen Gefährdung. Im Dritten lauert die Möglichkeit des Verrates. Und es ist dann nicht nur Scham vor dem Schuldirektor oder die blutige Nase an der Treppe, sondern der Zweifel am »Urgrund« des Lebens selbst, den Lydia fürchtet.

Von der Seite Pauls sieht der Verrat ganz anders aus. Er flieht vor Lydias Liebessehnsucht. Er weicht ihr, der realen Frau, aus, denn seine Beziehungen zu den Mitmenschen, also auch zu Lydia, sind sehr viel weniger stark ausgeprägt als die Beziehungen zu sich selbst. Die Flucht vor der Symbiose mit Lydia ist auch Flucht vor der eigenen Seele, Flucht vor der Wandlung und dem Erwachsenwerden. Es ist aber zugleich – wie bei allen Rückzügen von Männern, die geliebt haben – der notwendige Versuch, sich irgendwie wieder selbst zu finden. Paul braucht seinen Rückzug, den Lydia als Verrat erlebt, um seine eigene, in der Liebe kurzzeitig verlorengegangene Identität wieder herzustellen[6]. Und doch behält Paul wie jeder Mensch die Sehnsucht nach dem Einswerden mit Lydia. Aber da er sie flieht, verliebt er sich sozusagen in sich selbst, ein Urbild des griechischen Narziß[7]: Ichverliebtheit anstelle der Hingabe an das Du. Er liefert sich nicht Lydia aus, sondern sich selbst. Und das ist vielleicht der tiefere Grund, warum Lydia ihn als Verräter empfindet. Er liefert sich sozusagen an die falsche Adresse aus. Und damit sind wir – bei aller Archaik – bei ziemlich typischen Erscheinungsweisen von Verrat in der Gegenwart angelangt. Paul ist ja nicht nur selber schuld. Was in der Liebesgeschichte von Lydia und Paul passiert, verweist auf die Gepflogenheiten des Zusammenlebens heute in der westlichen Gesellschaft. Verrat ist also auch epochenspezifisch, wie Christopher Lasch[8] für den Verräter als Narziß beschrieben hat: seine scheinbare Selbsterkenntnis, sein berechnendes Verführungsgehabe, sein Gefühl innerer Leere, sein nervöser, selbstabschätziger Humor; das alles sind die typischen Kennzeichen des heutigen Judas, der ein Narziß sein kann.

Wir werden sehen, daß hinter dieser Haltung des Narziß eine tiefe Sehnsucht nach Verschmelzung steckt. Diese Verschmelzungssehnsucht bekommt jedoch im gleichen Atemzug Angst, verraten, getäuscht und verlassen zu werden.

Neben der epochebedingten Form von Verrat wie im Falle von Lydia und Paul gibt es jedoch auch in der Tradition immer wieder Bilder und Symbole, kurze Einblicke und Geschichten, die sich zur Deutung gegenwärtiger Verratserfahrungen eignen und umgekehrt: Aus gegenwärtigen Verratserfahrungen lassen sich neue Fragen an die Verratsgeschichten, etwa der jüdisch-christlichen Tradition stellen. Die Judasgeschichte und ihre Sprache zu artikulieren erfordert jedoch mehr als den Willen zu erkennen, wie es denn eigentlich gewesen ist. Bei der Auseinandersetzung mit Judas bedarf es des Mutes, sich »einer Erinnerung zu bemächtigen, wie sie im Augenblick der Gefahr aufblitzt«[9]. Erinnerung angesichts gegenwärtiger Gefahr, Erinnerung angesichts gegenwärtigen Verrates an Mensch und Natur ist also das geheime Thema der folgenden Kapitel, wobei noch nicht einmal deutlich ist, was denn eigentlich »verraten« bedeutet, abgesehen davon, daß der erlittene Verrat sowohl verletzt als auch erwachsen machen kann und sogar Liebe wieder auf den Plan zu rufen vermag.

Die Geschichte und Legende der Judasgestalt soll eine Art Führer werden durch das Labyrinth von Verrat und Treue, von Haß und Liebe, von Lüge und Wahrheit. Daß zum Verräter aber auch immer ein Verratener oder eine Verratene gehört, soll nicht vergessen werden. Zum Vater gehört der Sohn, zu Paul gehört Lydia, zu Judas gehört Jesus. Erst wenn man diese Zusammengehörigkeit auseinanderreißt und abspaltet, wird es gefährlich. Die christliche Tradition hat sich dies zum Schaden ihres eigenen seelischen Haushaltes zu lange geleistet. Integrative Betrachtungsweisen sind nicht populär, weil das Böse und das Gute dann nicht mehr so eindeutig zu verteilen sind, wie man das bisher bei Judas und Jesus zum Zweck des ruhigen Gewissens und aus Angst vor der eigenen Dunkelheit getan hat. So jedoch lassen sich unsere eigenen Ambivalenzprobleme nicht lösen.

Die Judasgeschichte selber, das wird unser Durchgang erweisen, »weiß« viel mehr. Sie macht es sich nicht so leicht mit dem Verrat wie wir, und zugleich macht sie es sich auch nicht so schwer wie wir. Das müssen die folgenden Kapitel erweisen.

Helden und Liebende haben mit Verrat zu tun

Wie da der Zweideutige
die Mundhort empfing,
da entging ihm die Gotteskraft.

Heliand

Der heimtückische Verrat am Helden, aufgenommen in der Judaslegende, ist ein typisches und verbreitetes Erzählmotiv. Aber es beherrscht besonders unsere eigene, die germanische Tradition. Ich erinnere nur an Siegfried und Hagen, Balder und Loki; durch treulose Verräter werden Balder und Siegfried ermordet. Die Verräter stammen aus ihrer nächsten Umgebung. Nicht ehrlicher Kampf fällt den Edlen, sondern Verrat. Zur Nibelungentreue gehört eben als ihre dunkle Kehrseite der schreckliche Verrat. Das ist ein Motiv, das alle nordischen Sagen durchwebt.

Warum jedoch erzählt man sich noch heute ihre Geschichten? Es pflanzen sich sonst nicht alle Berichte beliebiger Ereignisse fort, sondern bloß solche, die einen allgemeinen und immer aufs neue sich wieder verjüngenden Gedanken der Menschheit ansprechen. Und dazu gehört nun einmal – als Kehrseite der Treue – der Verrat. Im Heliand zum Beispiel, dem ersten überlieferten Buchepos deutscher Sprache, heißt es, daß der »Heldenherzog Christus« gesagt habe: »Unter euch Zwölfen bricht mir einer die Treue.«[1] Und es wird auch gleich raunend mitgeteilt, wer das ist: »Wie da der

Zweideutige die Mundhort empfing und sie zum Munde führte, da entging ihm die Gotteskraft. Gramgeister fuhren in seinen Leichnam. Leidige Wichte.«[2] Das ist nun schon fast ein magisches Geschehen, was dort berichtet wird. Judas als der Zweideutige, den die Gotteskraft verlassen hat: So sieht deutsche Interpretationskunst am Beginn ihres Wirkens aus. Und sie wird davon nicht lassen bis hin zu Nietzsche und Wagner. Ihr zur Seite stehen die Künstler, die im Bild zum Ausdruck bringen, was sie an Judas fasziniert und wie sie den Verrat und die Treue sehen wollen.

In der Altstädter Kirche zu Hofgeismar (Hessen) hängt das Bild eines unbekannten frühgotischen Malers aus dem dreizehnten Jahrhundert. Es zeigt Jesus und Judas während der berühmten Kußszene. Bemerkenswert jedoch ist weniger dieser Kuß als die seltsame Tatsache, daß der Maler Jesus und Judas in dasselbe grau-rote Gewand gekleidet hat. Sie tragen gewissermaßen *ein* gemeinsames Kleid; sind also in denselben Stoff gehüllt, während die umstehenden Jünger entweder grün (Johannes) oder knallrot (Petrus) gemalt sind.

Jesus und Judas tragen denselben Stoff. Sind sie deshalb sozusagen auch aus demselben Stoff gemacht? Das wäre für die gängige christliche Vorstellung – gelinde gesagt – sehr ungewöhnlich. Denn es würde bedeuten, daß der Verräter und der Erlöser mehr miteinander zu tun haben, als selbst die Evangelien (in immer deutlicher werdender abspaltender Tendenz von Markus bis Johannes) ertragen könnten. Die Evangelisten würden denn auch heftig erschrecken, wenn sie das Bild des Malers aus dem dreizehnten Jahrhundert gesehen hätten: Jesus und Judas aus demselben Stoff!

Das würde ja bedeuten, daß Erlöser und Verräter gewissermaßen Zwillingsbrüder wären, daß also »Verrat« und »Vertrauen« im selben Gewand auftreten und sich gegenseitig bedingen!

Da ist man doch eher geneigt, den »Verräter« Jesu klar zu typisieren und auf eine Person, eben den Judas, festzulegen. Zunächst ist er nur ein »Auslieferer« (Markus), dann ein Dieb, von dem es abzurücken galt, und schließlich ein grausiger Selbstmörder. Man kann im Verlauf der Überlieferung der Judasgeschichte historisch also eine zunehmende Belastung der Judasgestalt erkennen, und das heißt zugleich eine zunehmende Entlastung der übrigen Christen. Für die ersten Christen muß der Schock, einen Verräter im engsten Vertrautenkreis Jesu gehabt zu haben, denn auch fast unerträglich gewesen sein. Noch in dem Zusatz hinter dem Namen Judas, »der ihn verriet«, klingt das Entsetzen[3] an, mit dem sie eingestehen mußten, daß Judas »einer der Zwölf« gewesen ist, also einer von ihnen. Und das bedeutet: Der Verrat gehört von Anfang an in die Kirche, ob die Kirche das nun gern sieht oder nicht, ob sie den Verräter lieber abseits des Jüngertisches plazieren möchte oder ihn – wie der erwähnte Maler – ganz in die Nähe Jesu rücken muß – bis unter dasselbe Gewand. Dieses Buch wird dem Maler aus Hofgeismar folgen und seiner Interpretation nachgehen: »Verrat« und »Vertrauen« haben mehr miteinander zu tun, als ihnen bisher bewußt gewesen ist. Und so möchte ich die Judasgeschichte befragen, wie man mit der Verletzung durch Verrat konfrontiert werden kann, wie man in Sackgassen des Verrates gerät, wie es auch Ansätze gibt, mit dieser Verletzung zu leben und wie man sich sogar in eine freundlichere

Giotto malte dieses Bild um 1300 an die Wand der Arenakapelle in Padua. Hier hüllt der große gelbe Mantel des Judas die Gestalt Jesu fast völlig ein, beide verschmelzen fast zu einer Figur.

Beziehung zu Judas begeben kann. Dabei soll Judas nicht unter der Hand zu einem Heiligen gemacht werden, wie das in jüngerer Zeit – besonders bei Walter Jens[4] – versucht worden ist. So als hinge von Judas ab, ob die christliche Geschichte überhaupt in Gang kommt. Nein, die Verletzung durch Verrat soll nicht verharmlost werden, als sei sie nur ein Spiel in der heilsgeschichtlichen Arithmetik.

Verraten werden tut weh, und sich als Verräter zu erkennen rührt an die tiefste Scham und Reue. Judas ist nicht – jedenfalls vordergründig nicht – der heimliche Erlöser. Aber seine Begegnung mit Jesus gibt nachträglich die Chance, der schlimmsten Verletzung zwischen Menschen ins Auge zu sehen, sie nachzuerzählen und vielleicht sogar mit ihr zu leben. Denn verdrängen kann man nicht mehr, daß da, wo viel Vertrauen ist, auch der Verrat gesichtet wird. Ob es auch umgekehrte Wege gibt, daß ein begangener Verrat endlich auch Vertrauen ermöglicht, hängt von vielen Bedingungen ab: Es kommt nämlich auf die nachträglich geglückte Beziehung zwischen Täter und Opfer an. Sie gelingt meist deswegen so schwer – wie unsere jüngste nationalsozialistische Geschichte zeigt –, weil die Täter sich nicht ihrer Tat stellen, Reue nicht erkennen lassen oder vor Scham nicht eingestehen können oder wollen, was sie anderen angetan haben. Kommt es nicht zu dieser vergebenden gegenseitigen Begegnung, bleiben – unseliger Kreis – die Verratenen in einer gleichsam ewigen Abhängigkeit von ihren Verrätern. Sie warten auf deren schamhaft ausgestreckte Hand und bekommen sie nicht. Der Verrat verewigt sich. Man gerät, wie wir noch sehen werden, in die Sackgassen des Verrates, resigniert, glaubt niemandem mehr oder wird zynisch. Oder man zeichnet den »Verräter« so abschreckend und damit abgespalten, daß man sich nicht mehr fragt wie noch die erste Gemeinde und kongenial die Bachsche Matthäuspassion: »Herr, bin ich's?« Johann Sebastian Bach läßt dieser Frage das kollektive Bekenntnis des Chores folgen: »Ich bin's, ich sollte büßen...« Bei ihm haben noch alle etwas mit dem Verrat zu tun. Darum die chorische Antwort. Meistens jedoch hat man dem Judas ein Solo zugedacht, kein strahlendes übrigens. Niemand aus der Schar der Theologen, nimmt man einmal neuere aus, wagt die brisante Frage: Hat Gott etwas mit diesem Ereignis zu tun?

Denn das ist ja das Brisante der Geschichte, daß »Gott« selbst in Mitleidenschaft gezogen wird. Nicht nur, daß er die Menschheit anläßlich der Sintflut beinahe gänzlich an die Chaosmächte des Wassers verraten hat, auch der Mord an Jesus kann – von außen betrachtet – wie ein Verrat erlebt werden. Das würde gut erklären, warum die Jünger nach dem Mord an Jesus sofort entsetzt geflohen sind: Sie fühlten sich verraten von Gott. Selbst Judas kann sich verraten vorgekommen sein, weil er für sich nur noch den Tod durch die eigene Hand (wie die Legende berichtet) als Ausweg sah.

Man gerät also in das tiefste Geheimnis der menschlichen Seele und des göttlichen Geschehens, wenn man sich Judas und dem Verrat zuwendet. Und man soll das nicht ohne Not tun. Niemand verrät gern, und niemand läßt sich gern verraten. Und wir suchen den Verrat auch nur deswegen auf, um den Weg aus ihm zu finden und den Weg zu bezeichnen; daß man in der Trauer und in der Verzweiflung am Verrat ausharrt, um eventuell zu lernen, wie man sich und andere da herausholt. Das Motiv der Beschäftigung mit Judas ist also nicht Verachtung des Glücks, das allen Geschöpfen gebührt, obwohl sie einander verraten, entstellen und allein lassen.

Verraten und verraten werden, vor allem in der Liebe zwischen den Geschlechtern, das sind ebenso alte wie grausige Geschichten. Sie machen nicht nur Religion und Bibel, sondern – nebenbei – in ihren unübersehbaren Abwandlungen die Weltliteratur aus[5]. Man kann annehmen, daß sie auch die Herzen und Gedanken der meisten heutigen Menschen besetzen: Bleibe ich meinem Partner treu und verrate meinen Trieb, mein Leben, meine Lebendigkeit, oder verrate ich die, die ich liebe und bleibe mir selber treu? So und ähnlich lauten die Zwickmühlen. »Normenkonflikte« nennt das eine sachlich soziologische Sprache, aber die Geschichten dieser Konflikte sehen unter gewandelten Bedingungen mit veränderten Menschen immer wieder anders aus. Innen jedoch ändert sich wenig: Verletzung, Tränen, Vernichtung gar, sie stehen am Weg des Verrates, der meistens irgendwie mit Sexualität zu tun hat, um es unverblümt zu sagen. Die Spannung zwischen dem Trieb und den vielfachen gesellschaftlichen Regeln, welche eben diese Triebe lenken, einordnen, gestatten oder verbieten wollen, bleibt bestehen. Man kann dagegen protestieren, kann sich mit diesen Regeln versöhnen oder einen Platz irgendwie jenseits aller Regeln einzunehmen versuchen (was Wahnsinn wäre).

Aber verraten und verraten werden ist nicht nur ein Thema der Sexualität. Es ist auch eins der menschlichen Religiosität. Denn die Verbindung zweier Menschen hat neben der erotischen und der naturhaften Seite auch eine sakrale Dimension, selbst dort, wo sich die Begriffe des Heiligen säkular verflüchtigt haben. Liebende umgibt eine Art Aura (Die neugierige Menschenmenge, wenn die Braut, das Brautpaar aus der Kirche kommt). Offenbar sind frisch angetraute Paare auf etwas ausgerichtet, was das Leben überdauert (Mythos der heiligen Hochzeit). Man könnte es eine Art atmosphärische Sakralität nennen, die ja auch im Gold des Rings zum Ausdruck kommt. Denn Gold meint nicht einfach nur Dauer und Kostbarkeit, sondern Dauer über den Tod hinaus. »Daß das Gold«, schreibt Peter von Matt, »in seiner unheimlichen Symbolgewalt gleichzeitig mit dem Sakralen auch vom Ökonomischen spricht, ist mehr als nur ein Kuriosum... Das Sakrale, das Ökonomische und das Sexuelle ist in den Zeichen der Liebe so selbstverständlich, wie es in den Geschichten von Treulosigkeit und Verrat, von Vernichtung, Untergang und Neugeburt immer ganz selbstverständlich ist.«[6] Und obwohl bei keinem Thema so sehr mit gut und böse, richtig und falsch, Belohnung und Sanktion gearbeitet wird, gibt es doch ebenfalls kein Thema, bei dem die Relativität aller festgelegten Sittlichkeit so zwingend ist. Man kann zu einem ebenso einfachen wie problematischen Grundsatz flüchten: Wer liebt, hat recht, oder paulinisch: Es ist alles erlaubt – freilich fügt der Apostel weise hinzu: »Es frommt nicht alles.«[7]

Wir machen jedenfalls beim Liebesverrat die Erfahrung, daß wir ihn nicht behandeln können, ohne emotional darin verwickelt zu werden. Die Arbeit über den Verrat aus Liebe oder den Verrat für die Liebe ist deswegen ein Experiment im Bereich von Moral und Religion. Man hat diesen Bereich gern den sogenannten »höheren« oder schöpferischen Menschen überlassen, wie Johann Wolfgang Goethe zum Beispiel. Er wird dann gern angesehen als einer, der, weil eben so unendlich schöpferisch, der Alltagsmoral enthoben ist. Aber diese besondere Form von Idealisierung verdrängt nur das, was an uns selber unauflösbar, geheimnisvoll, vielleicht auch bedauerlich, auf jeden Fall vorhanden ist und was vielleicht in seiner Unbegreiflichkeit nur noch als zu Ertragendes dargestellt werden kann. Nämlich daß wir, wo wir vertrauen und lieben, eben auch – fast im selben Atemzug – verraten und Vertrauen enttäuschen. Daran ändert weder empörte Beschuldigung etwas, die verständlich ist, noch grundsätzliche und auf Schuldlosigkeit bedachte Rechtfertigung. Und noch etwas ist wichtig: Warum überhaupt folgt man diesem Thema? Weil man am Ende, am Ausgang, an der Lösung interessiert ist, vermute ich. Man möchte, daß etwas definitiv so ist und bleibt, wie es wurde und wie es kam. Denn sonst bleibt in unserer Lebenswirklichkeit kaum etwas so, wie es war. Man bekommt graue Haare, gegenüber wächst ein Hochhaus, die Wiese wird zum Bauplatz, und mein alter Nachbar begegnet mir seit einem Jahr nicht mehr. In der Literatur – und auch die Judasgeschichte ist Literatur – ist es anders: Da läuft etwas und kommt an sein Ende. Schluß. Und das bleibt denn auch so. Endgültig. Nach Peter von Matt gibt es nur drei mögliche Schlüsse bei Geschichten von Liebesverrat, eine »Trias bildhaft-szenischer Grundereignisse. Es sind: Hochzeit, Mord und Wahnsinn. Für das dritte, Wahnsinn, kann auch das Wort Suizid stehen.«[8] Selbstmord und Wahnsinn sind austauschbar. Für die christlichen Evangelienschreiber beging Judas Selbstmord. Ob historisch oder nicht, tut nichts zur Sache. Was hat ihn wahnsinnig werden lassen? Und Jesus wird ermordet. Gibt es keine Aussicht mehr auf ein anderes mögliches Ende?

Wir werden uns hüten, zu schnell eine Lösung finden zu wollen oder gar von »Erlösung« zu träumen. Man landet dann nämlich meistens bei berüchtigten »Endlösungen«. Statt dessen werden wir den weiteren Verästelungen der Verratsgeschichte folgen, ihrem sprachlichen, psychischen und stimmungshaften Umfeld. Wir werden fragen, was das eigentlich ist, »Verrat«, den man ja doch nur an seinen Wirkungen erkennen kann. Wir werden uns anschauen, was »Ausliefern« zu tun hat mit dem Essen und dem Verhältnis der Beteiligten zum Geld und zur Erotik. Denn diese drei: Essen, Geld und Kuß, tauchen im Umfeld des Verrates merkwürdig häufig auf. Wir werden aber auch den Sackgassen des Verrats unsere Aufmerksamkeit nicht versagen. Und wir werden fragen, ob der am Ende stehende Selbstmord des Verräters wirklich als absolutes Ende betrachtet werden muß, wie die Legende will. Und schließlich werden wir fragen, ob der Verrat zu tragen ist, selbst wenn wir an dieser »menschlichen Möglichkeit« verzweifeln müssen. Dabei gebrauchen wir die biblische Judasgeschichte als Faden, der uns davor bewahrt, uns im Labyrinth des Verratsproblems endgültig zu verirren. Ich wage die These, daß in eben dieser Verratstradition der Bibel, die in Judas ihren Höhepunkt gefunden hat, bereits ein geheimer »Führer« steckt, der uns weiter führt, damit wir einander besser verstehen, gnädiger ansehen und vielleicht sogar lieben können.

Tradition und Verrat, das Überliefern und Ausliefern

Mit der Tat des Judas hat das Verhältnis zwischen Jesus und seiner Umwelt aufgehört, ein freies Spiel der Kräfte zu sein.

Karl Barth

Fatalerweise heißt Judas Judas. Hätte er Simon geheißen oder Samuel, dann hätte sich seine Figur nicht so vorzüglich dazu geeignet, ihn mit »den Juden« gleichzusetzen. Bereits im Johannesevangelium beginnt besonders stark die Entlastung der anderen Jünger zugunsten des Judas. Im vierten Evangelium gilt der Jude Judas als Repräsentant des Satans, als Heuchler, Dieb und Geizhals. Nicht nur er, sondern bereits seine gesamte Familie ist verdammungswürdig. Das Interesse dieser Darstellung des Judas ist verständlich: Der Evangelist Johannes möchte eine möglichst große Distanz legen zwischen Jesus und Judas und zwischen Judas und den übrigen Jüngern; wobei die übrigen Jünger für die gesamte Kirche stehen. So wird Judas zu einer Art Inbegriff für »Verräter«, ein Ausbund an Niedertracht. Und das setzt sich fort bei den Kirchenvätern und in der Kunst (von Ausnahmen einmal abgesehen). Der Sündenbock und Prügelknabe Judas diente von nun an zu einer Art Blitzableiter für alle erdenklichen Schlechtigkeiten, mit denen die Christen nichts zu tun haben wollten. Judas war gar nicht mehr eine konkrete Gestalt. Er war ein Mythos geworden, eine Projektionsfigur, auf die man abladen konnte, was man nicht gern im eigenen Hause sehen wollte. Und Pinchas Lapides Frage ist berechtigt, wie vielen Juden wohl der Martertod von Christenhand erspart geblieben wäre, wenn Judas anders geheißen hätte und nicht zur Symbolgestalt aller Juden hätte verallgemeinert werden können[1].

Interessant ist, daß ein so revolutionärer Maler der Reformation wie Jörg Ratgeb Judas nicht als Juden gemalt hat. Er steckt ihn vielmehr in das Habit eines Mönches, der unter seiner Kutte ein feines Seidenhemd trägt und einen Geldbeutel. Ratgeb beläßt Judas in seiner negativen Projektionsgestalt, deutet ihn aber nicht mehr auf die Juden, sondern auf die römische Kirche. Judas und die Kirche also haben geldgierig den Herrn verraten. Auch für Martin Luther werden, wie bei Ratgeb, seine verschiedenen Gegner zum Judas. Der »Judas« lebt in Luthers Feinden, in denen, die das Recht verkehren. Er lebt im Papst und auch in Erasmus. Schließlich lebt er für Luther auch in den von ihm so genannten »Schwärmern«[2]. Geändert haben sich bei all diesen Bildern die Adressaten der Projektion. Es sind nun nicht mehr allein die Juden oder Judas selbst. Geblieben ist jedoch der Vorwurf des Verrates.

Bei so einseitiger Einschätzung konnte es jedoch nicht bleiben. Es hat schon zu Urzeiten eine Art Sekte gegeben, die »Kainiten«, die Judas angebetet haben sollen. Im vergangenen Jahrhundert haben dann Goethe, vor ihm Hebbel, Klopstock und ein anonymer Verfasser Judas zu verteidigen gesucht. Und das wurde in diesem Jahrhundert unlängst populär wieder aufgenommen. Man möchte Judas vom Stigma des Verräters reinwaschen. Nun soll er der eigentliche Motor der »Erlösung« durch Jesus gewesen sein. Solche Versuche verdienen Sympathie, weil sie verhindern, daß man Verrat und Heuchelei abspaltet und auf »Judasse« wirft, die sich anbieten oder die zu schwach sind, solche Projektionen abzuwehren. Walter Jens hat darum den »Fall Judas«[3] wieder aufgerollt. Er wollte Judas vom Verräter zu einer Art notwendigem Heiligen machen. »Ich hatte zu beweisen«, läßt er Judas sagen, »wozu Menschen fähig sind, im Aufstand gegen Gott ...und ich tat's freiwillig. Aus eigenem Entschluß. Um Jesu Christi Willen, aus Frömmigkeit und um der Rettung aller Menschen – *eurer* Rettung – willen gab ich mich dazu her, ein für allemal den Beweis anzutreten, daß wir der Erlösung bedürfen, wir, die wir sterblich sind. Verrat, sagt ihr? Ich nenne es Gehorsam...«[4] Judas wird in dieser sympathischen Interpretation zu einer notwendigen Figur, die freiwillig und bewußt ihre Rolle im Spiel übernimmt, nicht ohne heroische Anklänge, aber auf jeden Fall um Verständnis beim Leser heischend.

Freilich kommen wir mit solcher Sicht des Judas, Gehorsam zu nennen, was vorher Verrat geheißen hat, noch lange nicht an das furchtbare Geheimnis der Judasgeschichte und ihres Problems heran. Denn diese Geschichte will ja eben – mit allen Anzeichen des Entsetzenes – klären, was vor sich geht, wenn in einer Liebesgemeinschaft wie der der Jünger Verrat geschieht. In den Evangelienberichten klingt ja noch das Grauen durch: Ausgerechnet am vertrauten Tisch in der eigenen Runde begeht ein Freund den Verrat: »Judas, der Zwölf einer«. Das wird nie vergessen hinzuzufügen. Hinter diesem Satz steht noch die Erschütterung der Evangelisten, daß ein Verrat in ihren Reihen geschehen ist: Verrat in einer

Gemeinschaft von Vertrauten und von Vertrauen! Ob nun Judas dies begangen hat oder Petrus oder alle gemeinsam, das tut wenig zur Sache. Zwischen Judas und den anderen Jüngern besteht nur eine graduelle Differenz[5]. Aber man geht dieser entscheidenden Frage aus dem Weg, wenn man den Verrat zu einem notwendigen Teil eines Puzzles im Ablauf der Passionsgeschichte stilisiert.

Wir nehmen deshalb Judas als Chiffre, als Modell, als mögliche Inkarnation eines Menschen, in dessen bis zur Legende reichenden Geschichte Vertrauen enttäuscht und verraten wird. Und wir fragen, was zum Verrat führt und wie sich Verräter und Verratener fühlen. Aber zunächst ist es geraten, sich zu verdeutlichen: Was ist da eigentlich »verraten« worden? Die Antwort läßt sich nicht leicht finden.

Manche sagen, Judas habe den Aufenhaltsort verraten, an dem Jesus sich befand. Der Ort des Aufenthaltes Jesu war jedoch für seine Verfolger leicht herauszufinden. Auch seine Person war nicht schwer zu identifizieren. Hat Judas dann vielleicht Jesu »Geheimnis« verraten, daß er sich für göttlich hielt, für den Messias? Doch Jesu Verbot, sein Geheimnis weiterzugeben, hatten auch die übrigen Jünger und die vielen von ihm Geheilten nicht befolgt. Wenn also dies alles nicht als schlimmer »Verrat« zu werten ist, was denn bedeutet Verrat überhaupt?

Beim Nachlesen im griechischen Urtext macht man eine ebenso merkwürdige wie aufregende Entdeckung: Das griechische Wort für »verraten« und für »Verrat« ist gar nicht eindeutig übersetzbar. Es heißt auch noch »ausliefern« oder »überliefern«. Die lateinische Bibel übersetzt es mit dem Wort »tradere«, woher unser Wort »Tradition« kommt. Klarer gesagt: Judas hat eigentlich nichts anderes getan, als was auch die Hauptbeschäftigung der anderen Jünger und Apostel gewesen ist. Er hat weitergegeben oder »tradiert«, was er erlebt und gehört hat. Und es kann kein sprachlicher Zufall sein, daß sich dieser Begriff der »Überlieferung« auf die Tat des Judas ebenso bezieht wie zugleich auf die Arbeit der Apostel. Auch für die Arbeit der Theologen der damaligen Zeit, der »Schriftgelehrten«, gebraucht das Neue Testament das gleiche Wort. Selbst der große Theologe Paulus redet ständig davon: »Steht, Brüder, und haltet fest an den *Überlieferungen*, in denen ihr mündlich oder durch unsere Briefe unterrichtet seid.« Also auch bei diesem sanktionierten Mitarbeiter wird Jesus zum Gegenstand der »Überlieferung«. Man kann auch übersetzen zum Gegenstand »der Auslieferung« und man muß daraus folgern, daß wir noch gar nicht richtig hingesehen haben, wenn wir bei Judas mit »verraten« übersetzen, was wir bei Paulus lieber »überliefern« nennen. Judas, der Auslieferer des Jesus, ist nur das erste Glied einer Apostelkette von kirchlichen Mitarbeitern, die – indem sie sich an die Überlieferung (Tradition) halten – zugleich in, mit und unter diesem Tun ihren Freund, Bruder, Geliebten, Herrn »ausliefern«. Ich kann nicht sehen, daß diese Gefahr einer Überlieferung, die zur Auslieferung wird, heute gebannt ist[6]. Offenbar ist jeder, der sich mit der Geschichte von gestern, der eigenen wie der Weltgeschichte, einläßt, zugleich in der Gefahr, sie an die jeweilige Gegenwart zu verraten.

Eine besonders prekäre Stelle findet man im 1. Brief des Paulus nach Korinth. Dort schreibt er : »Ich habe vom Herrn empfangen, was ich euch *überliefert* habe: daß der Herr Jesus in der Nacht, da er *überliefert* wurde, das Brot nahm...«[7]

Zweimal taucht in einem Satz dasselbe Wort auf, als wenn sich die beiden »Überlieferungen« gegenseitig charakterisierten. Paulus gerät damit in den Schatten des Judas und Judas in das Licht des Paulus[8]. Beide »überliefern«. Und es ist nicht ihre Sache zu entscheiden, welche Überlieferung falsch, bösartig, verräterisch oder richtig, gutartig und befreiend ist. Denn sie haben ja beide das gleiche Vorbild. Und einen von vornherein bösen Willen wollen wir Judas nicht unterstellen, so wie ja auch Petrus und Paulus nicht als böswillig hingestellt werden.

Was jedoch macht eine Überlieferung zur falschen »Auslieferung«, zum Verrat? Ehe wir hier eine schnelle und beruhigende Antwort finden, halten wir fest: Es ist wichtig, den Verrat anzuschauen. Man muß ihn, das hat unser kleiner sprachlicher Streifzug erbracht, bei jeder Tätigkeit annehmen, die sich mit »Überlieferung« und Weitergeben beschäftigt. Die Weitergeber, die »Hermeneutiker«, wie sie im Fachjargon heißen, die Schriftgelehrten oder Theologen, Germanisten und Interpreten treiben mit ihrer Überlieferungsarbeit zugleich Verrat, weil sie ihre Geheimnisse ausliefern an geeignete und ungeeignete Leser. Sie tun damit nichts anderes als Judas, auch wenn das für den Moment eine etwas überraschende Einsicht ist.

Das eben ist das Risiko, das man eingeht, wenn man etwas oder gar jemanden »überliefert«. Man liefert ihn aus. Man kommt gar nicht darum herum, denn im Moment des Auslieferns verliere ich als Aus- oder Überlieferer die Kontrolle über das, was ich ausliefere. Ich weiß nicht, was es anrichten wird. In seinem Sendbrief vom Dolmetschen wirft zum Beispiel Martin Luther seinen Gegnern häufig vor, daß sie eben dieses Risiko nicht eingehen: Sie wagen nicht zu überliefern oder zu »dolmetschen«, weil sie fürchten, sich damit zu sehr auszuliefern.

In jeder Überlieferung geht es nämlich darum, das »Echo des Orginals«[9] zu erwecken. Und Walter Benjamin, der es als fähiger Übersetzer unseres Jahrhunderts wissen muß, betont, man dürfe sich nicht dem Original einfach ähnlich machen wollen, sondern man müsse die Übersetzung »liebend« und – wie er etwas altertümlich fortfährt – »bis ins Einzelne hinein dessen Art des Meinens in der eigenen Sprache sich anbilden«[10].

Diese Form von liebender »Anbildung« ist dann ein erstes Kriterium für das Verständnis von Judas und seiner Art des Überlieferns. Ist er durchscheinend genug, um das Original nicht zu verdecken und ihm nicht im Licht zu stehen? Das ist die Frage an die »Auslieferer«, an Benjamin ebenso wie an Luther, aber eben auch an Judas und die anderen »Auslieferer« der Geschichte.

Verraten sie das Original, weil sie sich nicht »dessen Art des Meinens anbilden« wollen und können, oder überliefern sie das »Original«, weil sie liebend ihre Arbeit tun? Das ist nicht immer leicht zu entscheiden. Auf jeden Fall sind beide, Verrat und Überlieferung, an ein und dieselbe Geste geknüpft. Es ist eine Geste, die sich hervorwagt. Und damit ist jedes Weitergeben einer Nachricht über das Original so etwas wie ein Wagnis; auf der Seite dessen, der sich aussetzt ebenso wie auf der Seite dessen, der das Überlieferte zur Kenntnis nimmt. Der »Überlieferer« steht in der beschriebenen Gefahr, sein »Original« zu verraten, und der Empfänger steht in der Versuchung, sich seine bereits gebildete Meinung oder Haltung bestätigen zu lassen, was auch einer Art »Verrat« am fremden Original gleichkommt. Überlieferer und Empfänger befinden sich also häufig in einer »Verratsgemeinschaft«. Das bringt sie in die gleiche Risikolage. Judas steht uns näher, als wir denken.

Aus dieser Doppelbödigkeit von Verrat oder Überlieferung gibt es keinen Ausweg. Gäbe es einen, dann wäre die Tätigkeit des »Überlieferns« und Weitersagens kein Risiko. Das wünschen sich die Fundamentalisten in der Religion ebenso wie in der Politik. Sie stellen sich Überliefern meistens als eine Tätigkeit ohne Risiko vor. Deshalb kleben sie am Buchstaben und an den Worten, die in ihren heiligen Büchern stehen. Sie nehmen sie wörtlich, weil sie Skrupel haben, diese Worte dem Wagnis des eigenen Lebens und der eigenen Zeit auszusetzen. Der skrupelhafte Überlieferer aber schließt sich in einem ausweglosen Labyrinth von Geboten ein. Und das zieht meistens eine endlose Verrechtlichung des Lebens nach sich und eine geradezu zwanghafte Ritualisierung des Alltagslebens. Nie kommt der skrupulöse Überlieferer damit zu Ende, allen Geboten und jedem einzelnen von ihnen gerecht zu werden. Nur, weil er das Risiko des Sichaussetzens scheut: das Urteil der Öffentlichkeit, das Lob und die Blamage durch Zeitgenossen, die Analyse der Nachwelt. Er fühlt sich verloren wie der Säugling Mose in seinem Schilfkorb. Und er fürchtet, daß keine Tochter des Pharao da ist, die das ausgesetzte Wesen in ihre Obhut nimmt. Das Risiko, sich auszusetzen, ist zu groß.

Ich kann übrigens die Scheu der Fundamentalisten nur zu gut verstehen, denn das Überlieferungs- und Auslieferungsrisiko wird noch größer, weil es eine göttliche Entsprechung zu diesem menschlichen »Überliefern« gibt.

Ich spreche von dem rätselhaften göttlichen »Überliefern«. Gott selbst, heißt es, habe in seinem brennenden Zorn den Menschen das angetan, was Judas Jesus angetan hat[11]. Er liefert sie aus an ihnen übergeordnete, nicht näher bezeichnete, auf jeden Fall feindliche Mächte. Außerdem gibt es da noch eine andere Geschichte, die so lautet: Gott habe, lange ehe Judas Jesus »überlieferte«, seinen Sohn längst selbst »überliefert«. Nach diesem Sprachgebrauch hat Gott so gehandelt, wie Judas auch gehandelt hat. Die Theologie hat diesen seltsamen Vorgang als »Opfer« bezeichnet. Indem sie meinte, Gott habe seinen Sohn freiwillig für die Menschen geopfert, hoffte sie, dem Dilemma des göttlichen Verrates zu entkommen. Dabei ist sie allerdings in ein anderes Dilemma geraten: Das Bild vom Opfer hat nämlich in seiner Wirkung zu wahnsinnigem Mißbrauch geführt. Man hat diesen Vorgang wie eine Art Wechselwirkung interpretiert: Wenn Gott sich opfert, dann muß auch der Sohn sich opfern. Oder, übertragen auf die alltägliche Erziehung von Kindern: Wenn die Mutter sich für das Kind aufopfert, dann ist es auch die Pflicht des Kindes, sich seinerseits zum Wohle seiner Mutter zu opfern. Aber eine solche Opferhaltung ist kaum ein tragender Grund für vertrauensvolle Beziehungen, vor allem dann nicht, wenn man sie von anderen fordert.

Hat also der göttliche Vater das Opfer von seinem Sohn gefordert? Man kann ohne viel Phantasie annehmen, daß Jesus in seiner starken Vatersehnsucht[12] unendlich irritiert gewesen wäre, wenn es sich so verhalten hätte. »Abba, Vater, du vermagst alles, nimm diesen Kelch von mir«[13], sagt Jesus im Garten Gethsemane. Es ist eine erschütternde Szene. Und der jüdische Theologe Schalom Ben-Chorin fügt hinzu: »Hier steht kein Held, kein Halbgott, kein Mythos! Hier zittert ein Mensch um sein Leben. Und in dieser Stunde der Angst ist Jesus uns besonders nahe. Es ist mir unfaßlich, wie man diese menschliche Tragödie auf dem Hintergund eines Dogmas von der Zweinaturenlehre Christi verstehen kann: wahrer Mensch und wahrer Gott«[14]. Wenn nämlich »Gott« als Urheber, Adressat und Nutznießer dieses ganzen Opferdramas erscheint, und zwar, wie ausdrücklich betont wird, wider sein eigentliches Wollen, dann gibt es kaum noch einen Grund, auf den man sich verlassen könnte. Denn worauf sollte man vertrauen? Auf einen Gott, der ein Sadist wäre?

Man muß also das Ungeheuerliche festhalten: Bevor Judas Jesus auslieferte, hatte bereits Gott Jesus ausgeliefert, oder noch härter: Jesus hatte sich selbst ausgeliefert. Denn er fügt dem Kelchwort noch hinzu: »Doch nicht, was ich will, sondern was du willst.« Vielleicht deutet sich hier der entscheidende und kleine Unterschied zu allen anderen an: Jesus liefert sich freiwillig aus. Frei-willig. Ist es wirklich sein freier Wille, wenn er sagt: »Dein Wille«? Wir werden im letzten Kapitel darauf zurückkommen.

Judas – das jedenfalls ist die Konsequenz aus unseren Überlegungen – läßt sich nicht einfach als eine Art schreckliche Einzelperson abspalten; aus der Jüngerrunde ebensowenig wie aus jeder menschlichen Gemeinschaft. Denn er tut ja nur, was selbst Gott in der Lage ist zu tun. Anders gesagt: Verrat ist offenbar nicht aus der Welt, ja nicht einmal aus dem Himmel zu bekommen. Er gehört zum Leben dazu, weil »leben« heißt, sich und andere auszuliefern. Ex-sistenz, aus sich herausgestellt sein, ist ein anderes Wort dafür.

Wenn aber Existenz und Verrat, Leben und Ausliefern so eng zusammengehören, dann sind Judas und seine Tat, obwohl einmalig historisch, doch mehr als das: Sie zeigen, daß Verrat eine menschliche Möglichkeit ist, die überall vorkommt, wo Menschen einander vertrauen, sich ausliefern und sich damit auch überliefern. Das ist ein trauriges Fazit, entspricht aber der täglichen Erfahrung: Nur wo man vertraut, kann man auch verraten werden: von Freunden, Ehemännern oder -frauen, Geliebten, Verwandten, Eltern und Geschwistern. Aber das ist noch nicht alles.

Es gibt noch eine positivere Seite. Wir können nämlich diese Reihenfolge »Überliefern = Verrat« versuchsweise einmal umdrehen. Dann ist nicht nur jede Überlieferung zugleich auch ein Verrat, sondern umgekehrt: Jeder Verrat ist zugleich auch Überlieferung. Wir haben die verschiedensten Verratsgeschichten überliefert bekommen, oder anders gesagt: Man hat uns den Verrat verraten – übrigens an vielen Stellen der Bibel. Es fällt auf, daß in einer Vertrauensreligion wie dem Judentum und dem christlichen Glauben die Verratsgeschichten besonders häufig vorkommen. Es beginnt mit Adam und Eva, führt über Kain und Abel zu Jakob und Esau, Laban, Josef, der von seinen Brüdern verkauft und dessen Vater betrogen worden ist, zu der Anbetung des Goldenen Kalbs hinter Moses Rücken bis hin zu Judas im Neuen Testament: Eine Verratsgeschichte nach der anderen. Das muß sehr stutzig und zugleich demütig machen.

Aber diese Überlieferung der Verratsgeschichten hat

doch auch zwei Vorteile: Einmal werden wir durch das Lesen der Judasgeschichte realistischer in unserem Umgang mit uns selbst und den Mitmenschen. Vielleicht hatten wir vor dem Lesen dieser Geschichte eine bessere Meinung von uns selbst? Und nun müssen wir sehen: Es steht nicht so gut mit uns, wie wir dachten. Zum zweiten aber bekommen wir auch noch die Gelegenheit, zu erfahren, was Verrat ist, wie verletzend er wirkt, welche Sackgassen des Verrates es gibt und ob es Wege gibt, mit Verrat zu leben. Denn aus der Welt schaffen läßt er sich wohl nicht. In diesem Sinn, Verrat als Überlieferung, wollen wir uns um Judas und den Verrat kümmern. Judas gilt uns eben nicht als typischer »Jude« oder als autoritär-heuchlerischer Kirchenmann, aber auch nicht als neuer Heiliger, den wir idealisieren müssen. Er rückt vielmehr näher als Bruder, Verwandter oder auch als eine Art Spiegel, in dessen Widerschein wir erkennen können, was Verrat ist, was er bewirkt und wie man, vielleicht, mit ihm leben kann. Um das zu ergründen, ist uns neben den Vertrauens- und Heilungsgeschichten des göttlichen Arztes Jesus eben auch die Verratsgeschichte des Judas »verraten«. Und diesen »Verrat« der Judasüberlieferung wollen wir nutzen, um Judas wieder an den Tisch und aus der »Nacht« zu holen, in die ihn die spätere christliche Tradition hat entsetzt entweichen lassen. Die frühe Legende übrigens hatte solche »Rückholung« bereits auf ihre Weise versucht. Sie mag sich gefragt haben, wie einer zum »Verräter« wird. Sie hat sich also nicht zufriedengegeben mit der faktischen Darstellung. Sie hat Judas und damit den »Verrat« zu verstehen gesucht. Und sie ist, wie das nächste Kapitel erweisen wird, dabei in erstaunliche Erkenntnistiefen geraten.

Der verratene Verräter der Judaslegende

Also ward offenbar,
daß Judas seinen Vater hatte getötet
und seine Mutter hatte
zum Weibe genommen.

Legenda aurea

Große Ereignisse im Leben eines Menschen haben ihre Vorgeschichte, auch wenn dies dem Betroffenen nicht immer deutlich ist. Das wird die Legende auch von Judas gespürt haben. Sie wollte sich verdeutlichen, wie eigentlich jemand disponiert sein muß, der zuerst seinem Leben eine Richtungsänderung gibt, Haus, Hof und Familie verläßt und sich einem herumwandernden Prediger anschließt und dann wieder zurückkehrt und seine Lebensänderung »verrät«.

Denn die erste Änderung des Lebens kennen wir alle. Ein wahreres Leben führen, die Richtung ändern, neu anfangen, eine andere Gruppe suchen, die Familie verlassen: Es gibt in einer Biographie zuweilen den Wunsch, das alte Leben hinter sich zu lassen und ein neues zu beginnen. Hinter mancher großen Reise bei Jugendlichen, aber ebenso hinter manchem Therapiewunsch bei Leuten im mittleren Alter steht die Sehnsucht, sich selbst zu verändern und zu wandeln, ein anderer zu werden. Das kann ich versuchen, indem ich andere Länder und fremde Gebiete der Erde bereise. Dann sieht man seine eigene Herkunft von außen, mit anderen Augen und aus entsprechender Entfernung. Sich selbst freilich nimmt man mit, wie weit auch immer man reist. Ich kann mich aber auch in eine andere Gemeinschaft begeben, meine Herkunftsfamilie verlassen und meine Freunde und Freundinnen selber wählen mit der Absicht, eine biologische Verbindung zugunsten einer geistigen oder auch erotischen zu verlassen. Selten erfährt man etwas über die Gründe und Absichten solcher Umwandlungen, in den Evangelien schon gar nicht. Sie sind daran nicht interessiert, versichern die Fachleute. Deshalb wissen wir nichts darüber, was die Jünger bewogen hat, ihre Berufe und Familien zu verlassen und hinter einem ihnen Fremden herzuziehen.

Hatte Jesus sie nur angesteckt mit seiner großen Vatersehnsucht, wie Ezzelino von Wedel im ersten Band dieser Buchreihe meint?[1] Aber selbst wenn es so wäre,warum haben sich Judas und die anderen Jünger anstecken lassen?

Es gab da sicherlich eine bestimmte Disposition. Sie gehörten sozusagen zu einer risikoanfälligen Gruppe, wie eine »Soziologie der Jesusbewegung«[2] herausgefunden hat. Diese Jünger hatten nichts mehr zu verlieren, ließen die Toten ihre Toten begraben, verabschiedeten sich von Frau und Kindern, sofern sie überhaupt welche hatten. Diese Außenseiter nahmen die Vögel am Himmel und die Lilien auf dem Felde zum Vorbild. Sie waren angewiesen, daß andere, seßhafte Bewohner ihnen milde Gaben austeilten. Sie konnten es sich leisten, radikal zu sein. Man weiß also etwas über die Gruppe der Berufenen. Was man allerdings nicht weiß: Was ging im einzelnen Jünger vor? Warum verließ er – und nicht etwa sein Bruder – Haus und Hof, um sich Jesus anzuschließen? Und doch: Wir möchten uns in einen berufenen Jünger hinein zu imaginieren versuchen, denn eine Berufung und ihre Umstände gehören nun einmal dazu, wenn wir verstehen wollen, was einen zum Verrat treibt.

Eine winzige Andeutung haben wir im Falle des Judas. So heißt es *zweimal* von ihm, er sei »weggegangen«[3]. Einmal gemeinsam mit den anderen Jüngern zu Jesus. Das andere Mal allein zu den religiösen Autoritäten der Jesuszeit. Es fällt auf, daß beide Mal das gleiche Wort gebraucht wird: »weggehen«. Offenbar kann man den ausliefernden Verrat des Judas nicht verstehen, ohne sich zugleich seine »Berufung« anzuschauen[4]. Irgendwie hängt dieses erste Weggehen, diese Entscheidung, den gewohnten Lebensrahmen radikal zu verlassen, mit der zweiten Entscheidung zusammen. Zunächst zum ersten Weggehen: Dabei geht es um einen ernsten und entscheidenden Punkt im Leben eines Menschen. Die Berufung ist ein Ereignis, bei dem er noch einmal alles aufs Spiel setzt zugunsten einer wahreren, eindeutigeren und lohnenderen Existenz. Er verläßt sozusagen seine Bindungen an das tägliche Leben, läßt auch die Gruppen und Menschen zurück, die ihn vertraut umgeben. Er bricht mit der Einordnung des Lebens in den gewohnten Alltag und setzt einen neuen, scharf abgegrenzten Anfang.

Aber was war der Alltag des Judas? Was die Historie nicht weiß, versucht die Legende zu füllen, mit – wie schon angedeutet – erstaunlichem psychologischem Gespür. Sie berichtet nämlich, daß Judas sozusagen schon pränatal belastet gewesen ist. Seine Mutter nämlich hatte einen schlimmen Traum von ihrem Kind. Es werde so böse, daß das gesamte Volk davon verderbe. Aus Angst wird Judas von den Eltern ausgesetzt und wie Mose von einer Königstochter gefunden und großgezogen. Judas' Pech ist, daß die Königin bald ein leibliches Kind gebiert. Nun hat Judas einen Nebenbuhler. Er wird eifersüchtig und tötet schließlich seinen kleinen Stiefbruder.

Hier also bereitet die Legende vor, was zur Erklärung wichtig geworden ist: das Eifersuchtsmotiv in der Jüngerrunde. Judas, so will die Legende sagen, hatte nie eine Stätte, wo er unvoreingenommen angenommen worden wäre[5]. Er wußte niemals genau, wohin er gehörte. Im Grunde schildert ihn die Legende als heimatlos. Seine eigenen Eltern setzten ihn aus. Seine neuen Eltern sorgten durch das Stiefbrüderchen für Konkurrenz. Judas fühlte sich nie genug geliebt, könnte man zu diesem Zug der Legende sagen. Doch weiter in der Legende: Judas flieht zu Pilatus. Der stellt ihn ein und macht ihn zum obersten Hofmeister. Und jetzt muß man die Legende wörtlich lesen: »Nun stund Pilatus eines Tages in seinem Palast und sah einen schönen Baumgarten, darin stunden gar schöne Äpfel. Derselben Äpfel gelüsteten ihn so sehr, daß ihn dünkte, würden ihm die Äpfel nicht, so möchte er nicht länger leben. Der Baumgarten aber war Ruben, Judas' leiblichem Vater, zu eigen; doch kannte Judas seinen Vater nicht, und Ruben wußte nichts von seinem Sohn; denn er meinte, er wäre auf dem Meer ertrunken; Judas aber wußte nicht, wer sein Vater wäre, noch in welchem Lande er geboren sei. Also rief Pilatus Judas zu sich und sprach: ›Ich hab zumal groß Verlangen nach den Äpfeln im Baumgarten, und muß ich ihrer mangeln, das ist mein Tod.‹ Alsbald sprang Judas in den Garten und brach die Äpfel. Unter dem kam Ruben dahergegangen und sah, wie Judas seine Äpfel brach. Also gerieten sie aneinander und kamen bald von Worten zu Schlägen; zuletzt traf Judas den Ruben mit einem Steine ins Genick, daß er tot vor ihm lag. Danach nahm er die Äpfel und brachte sie Pilato und sagte ihm, wie es ihm wäre ergangen. Als es Nacht war, fand man den Ruben in seinem Garten tot und gedachte, er wäre eines jähen Todes gestorben. Da gab Pilatus dem Judas alles Gut, das dem Ruben war gewesen, und gab ihm auch dessen Frau Cyborea zum Weibe.«[6]

Die Legende fährt weiter in dieser Ödipuserinnnerung fort: Judas erfährt, daß er seinen Vater getötet und seine eigene Mutter geheiratet hat. Es reut ihn seine Vergangenheit. Er trifft auf Christus. Und die Legende entrüstet sich darüber, daß Jesus einen Mann mit dieser Vorgeschichte in den Kreis der Jünger aufnimmt. »Und was davon zu halten sei, steht bei des Lesers Urteil; ob es gleich scheinen will, als sei es eher zu verwerfen denn zu glauben!«[7]

Dies »Urteil« des Lesers möchte der Legendenschreiber in schöner Entrüstung gern provozieren. Aber eine Geschichte ist immer dann echt und lebensnah, wenn sie »eher zu verwerfen denn zu glauben ist«. Man spürt noch, wie das moralische Urteil des Legendisten sich sperrt gegen seinen Stoff. Aber er hat ihn »überliefert«, auch wenn es ihn gegraust haben mag und wenn er Christus in dessen Wahl nicht verstanden hat.

Wir nehmen diese legendäre Vorgeschichte als einen Versuch, Judas irgendwie zu verstehen. Was gibt sie für das Verständnis eines Verräters preis?

Da erfahren wir zuerst etwas von der Ablehnung des Judas durch die Eltern. Das Motiv des Waisenkindes, aus vielen Heldengeschichten bekannt, wird hier auf Judas übertragen. »Das göttliche Kind«, sagt Kerenyi, »ist meistens ein verlassenes Findelkind.«[8] Dies ausgesetzte Kind jedoch entspricht nicht dem üblichen Heldenmotiv. Denn selbst seine Mutter lehnt es ab. Ihre Furcht vor »Verderben«, wie es in der Legende heißt, ist stärker als die Liebe zu ihrem Kind. Anders gesagt: Die spontane und natürliche elterliche Zuneigung wird durch die Furcht vor Verderben der Gemeinschaft («des Volkes«) gelähmt, so als könnte eine Gemeinschaft dies Kind nicht aushalten.

Jetzt, wo das Judaskind seine richtigen Eltern verloren hat, hält es seine Ersatzeltern für die wahren. Dort kann es eine Weile leben. Aber schließlich muß Judas auch dort wieder weggehen. Er mordet seinen Halbbruder. Das ist eine harte Form des Lösungsprozesses, wie sie aus der Urgeschichte der Bibel bei Kain und Abel vertraut ist. Bei der nächsten Station jedoch gerät die Legende auf tragischen Grund: Judas löst sich von den vermeintlichen Eltern und stolpert nun gerade ins Verderben. Ausgeliefert und im Dienste eines »fremden« Herrn und dessen Willen nach Äpfeln, man könnte auch sagen: ausgeliefert an die Triebstruktur eines fremden Willens, fällt Judas seinen unbewußten Emotionen zum Opfer und tötet seinen Vater.

Das ist ein interessanter Zug der Legende und des Mythos. Man könnte nämlich diesen »Mord« als bewußtes oder unbewußtes Ressentiment gegenüber dem Vater deuten. Solche Ressentiments – das kennt man aus der Analyse – treten für gewöhnlich dann auf, wenn die jeweiligen Väter darin versagt haben, ihre Söhne in das männliche Erwachsenenleben einzuweihen. Meistens schweigen die Väter ja, wenn die Söhne sie nach dem Leben fragen. Das schildert hier die Legende, indem Judas seinen Vater zum endgültigen Schweigen bringt. Aber damit nimmt das Verhängnis erst recht seinen Lauf. Judas hat keine Einweihung in Leben und Liebe bekommen. Er sucht weiterhin nach einem, der ihn anhört oder seinen Fragen antwortet. Die Legende hat das psychologisch fein erkannt. Denn jetzt kann man die in den Evangelien so schroff und unvorbereitet geschilderte Berufung der Jünger viel besser verstehen. Jetzt klingt der Ruf Jesu eben nicht mehr wie ein Geräusch aus heiterem Himmel, oder besser vom heiteren Berg: »Und er ging auf den Berg«, heißt es von Jesus, »und rief zu sich, welche er wollte, und die gingen weg zu ihm.«[9]. Der »Berg« steht hier für die radikale Änderung der Lebensrichtung[10]. Es geht, wie wir an Judas' legendenhafter Vorgeschichte gesehen haben, nicht mehr einfach so weiter in horizontaler Lebensrichtung. Mit dem Berg will eine andere, vertikale Richtung ins Leben des Berufenen kommen. Und das nun ziemlich plötzlich. So heißt es denn auch im Matthäusevangelium lapidar: «Folget mir nach, ich will euch zu Menschenfischern machen.«[11] Es ist auf der Seite der Jünger der Mut zum Bruch mit dem bisherigen Leben, der sie folgen läßt auf eine ungewisse Zukunft hin, und die Nähe des vom Berge Rufenden läßt sie das Wagnis aufnehmen.

Wissen sie, worauf sie sich einlassen? Die Evangelien sind offensichtlich an solch psychologischer Frage nicht interessiert. Auch nicht besonders an Judas. Gleichwohl nennen sie ihn, der aus Kerioth stammt, als letzten der Zwölf. Judas ist damit übrigens der einzige Judäer unter den galiläischen Jüngern, also ein landsmannschaftlicher Fremdling – auch hier, wie in der Legende ein Heimatloser. Es sind wohl die Heimatlosen, die vom Verrat leichter überwältigt werden.

Ob Judas wußte, worauf er sich eingelassen hatte, als er in den Kreis um Jesus eintrat? Sicher nicht. Er muß große, ganz große Hoffnung auf Jesus gesetzt haben.

Von Jesus her jedoch muß man sagen, daß er in seinen Zwölferkreis, so symbolisch, wie der angelegt war, von Anfang an sein eigenes Scheitern mit hineingenommen hat. Vielleicht gehört auch das zur Größe oder zur Tragik einer Gestalt wie Jesus, daß sie ihr Scheitern »weiß«, freilich nicht in einer Art Hellsichtigkeit, sondern als Weisheit, die eben ahnt, daß auch das Gegenteil des Gemeinten, Gewollten und Geglaubten in die eigene Umgebung gehört und dem eigenen Leben widerfahren kann.

Wie jedoch Judas die Berufung erlebt hat, dieses erste »Weggehen«, wissen wir nicht. Wir wissen nur, daß alle Jünger im Verlauf der Geschichte dem Tun und Lassen ihres großen Meisters eher verständnislos gegenübergestanden haben. So tritt neben den Verrat des Judas gleichberechtigt die Verleugnung des Petrus und das Weggehen aller anderen in der Stunde der Not.

Was hat sie scheitern lassen? Von Judas heißt es, er sei ein zweites Mal »weggegangen«. Warum ist er noch einmal »weggegangen«, diesmal zu den anerkannten religiösen Autoritäten? Es ist wahrscheinlich Angst gewesen oder Sorge. Angst um Jesus und dessen Mission. Angst aber auch vor der eigenen Enttäuschung. Judas hat sich der Sicherheit des Bewährten zu- und vom Experiment seiner Berufung abgewandt. Das nennt die Geschichte »Verrat«. Ich glaube nicht, daß man sich zum Verrat entscheidet. Judas hat sich nicht entschieden. Er ist von Angst und Panik ergriffen worden. Darum hat er Jesus an die Autoritäten ausgeliefert.

Aus vielen Beispielen in unseren Tage ist bekannt, daß manche sich nicht mehr an das erinnern mögen, was ihnen gestern noch »heilig« gewesen ist. So haben viele Leute hierzulande, die einmal für kritische Ansätze und soziale Veränderungen in Gesellschaft und Kirche eingetreten sind, ihre Gesinnung geändert. Sie sind zu Verteidigern des Status quo geworden. Ihr Handeln und Reden hat eine Wendung zur Vorsicht genommen. Das Bekanntwerden zunächst der Schrecken des vergangenen Sowjetsystems, literarisch befördert durch Solschenizyn, hat die Furcht vor einem Wandel im Westen noch vermehrt. In jüngster Zeit haben die ans Licht gebrachten Praktiken der »Staatssicherheit« in der DDR nicht eben dazu beigetragen, Visionen für Wandel und Veränderung zu gebären. Man schätzt angesichts dieser Erkenntnisse wieder Kontinuität, Stabilität und persönliche Verantwortung. Änderung hingegen, Neuerung (außer im wirtschaftlich-technischen Bereich) und kritische Selbsterforschung haben in der Bundesrepublik zur Zeit nur noch wenig Konjunktur. Gleichzeitig finden religiöse Kulte Zulauf, die sich an fundamentalistischen Interpretationen religiöser Wahrheiten orientieren. Man setzt sich ein für Glaubensheilungen, moralische Führung und die Sehnsucht, Sinn und Ordnung im Leben zu finden. Zugleich wachsen die Bereitschaft und das Bedürfnis, sich einer strengen, anspruchsvollen spirituellen Disziplin zu unterwerfen und sich einer Sache hinzugeben, die höher ist als man selbst. Kulturell gesehen nimmt dieser Gesinnungswandel die Gestalt einer Krise der Geisteswissenschaften, der Künste und der humanistischen Bildung an. Das Studium der Geschichte, der Religion und der Philosophie paßt sich entweder den anderen, exakteren Wissenschaften an oder beschränkt sich auf die »Klärung der Werte«. Diese Werte jedoch verdünnen sich in der Praxis so sehr, daß sie zur Kosmetik für ganz andere Interessen und Aktionen werden. Man kann also sagen, daß die Erneuerer von einst Angst und Zweifel bekommen haben, ob ihr Weg richtig und förderlich gewesen ist. Also nehmen sie Zuflucht zu anerkannten Gesinnungen und Verhaltensweisen[12]. Das kann man als Verrat an die alten Autoritäten interpretieren, wenngleich dieser »Verrat« unauffälliger ist und vielleicht auch keine tödlichen Folgen hat. Er soll auch nicht kritisiert werden, sondern nur das Feld beschreiben, innerhalb dessen jemand ein zweites Mal »weggeht«, nachdem er doch schon aufgebrochen war; weggeht von einer der Veränderung und dem Wandel verschriebenen Gruppe zur Stabilität und Gewohnheit.

Judas ist diesen Weg jedenfalls gegangen, wobei noch nicht deutlich ist, was in Menschen vorgeht, die gewissermaßen zweimal weggehen und damit ihre Lebensentscheidung widerrufen. Es kann ja auch bessere Einsicht sein, wenn man seine Lebensrichtung ändert. Aber dazu gehört der Schmerz, sich geirrt zu haben, und nicht die schnelle Geste des Wendehalses. Judas hat etwas von einem Wendehals, aber seine »Wendung« geht tiefer. Sie ist nicht einfach opportunistisch jeweils an die herrschende Windrichtung angepaßt. Irgend etwas muß ihn in der Nähe Jesu plötzlich ergriffen haben, daß er es so mit der Angst zu tun bekam und den Kreis verließ. Wahrscheinlich hat er sich – erinnern wir uns noch einmal an die Legende – an seine Vergangenheit erinnert. Die Ursprungssituation, die ungeklärte Vatersehnsucht und die nie erfahrene Liebe der Mutter brechen im

Jüngerkreis und in der Nähe Jesu offenbar angstvoll wieder durch. Und man kann sich an dieser Stelle fragen, ob die Jüngergemeinschaft wirklich so ideal gewesen ist, wie die Überlieferung sie gerne sieht. Offenbar gab es in ihr auch Lieblingsjünger und weniger geliebte Mitglieder. Eifersucht und Konkurrenzstreben mag es auch dort gegeben haben. Judas jedenfalls erlebt im Laufe der Zeit seine alte Angst erneut, und die hat etwas mit der Zeit vor der Berufung zu tun. Selbst das Johannesevangelium versucht, die Familie des Judas in seine Tat mit hineinzuziehen, indem sie die ganze Sippe als verkommen schildert. Das ist natürlich eine ganz und gar ungerechte Wertung, und sie ist gewiß nicht historisch. Aber innerhalb des »Typs«, den die Legende hier zu charakterisieren sucht, ist es immerhin konsequent, auch die Familie, also die natürliche Herkunft des Verräters, einzubeziehen. Nimmt man diese Schilderung einmal nicht als Wertung, sondern als Beschreibung eines engen Zusammenhanges des Jüngers mit seinen Eltern, dann läßt sich immerhin vermuten, daß dort bereits ein Problem liegt, das mit der kompromißlosen Nachfolge zu tun hat, also mit dem ersten »Weggehen« aus dem vertrauten Familienkreis. Dieses erste »Weggehen«, das Hören einer Berufung, begegnet übrigens in allen Religionen. Gemeinsam ist solchen »Berufungen«, daß sie bei den Betroffenen wie ein »Riß« im Leben erfahren werden. Ab sofort ändert sich alles.

Vielleicht hat Judas erwartet, in der Jüngergemeinschaft reiner, wahrer, asketischer leben zu können, so ähnlich wie bei den Johannesjüngern. Vielleicht hat er hier einen »Vater« gesucht, der ihn hätte einweihen können ins Erwachsenenleben? Begegnete er statt dessen nicht einem Vater, sondern nur einem »Sohn«: Vielleicht hat er im Jüngerkreis aber auch mütterliche Annahme gesucht? Statt dessen begegneten ihm Konkurrenz, Unverständnis und Nichtannahme? Wenn es so gewesen ist, dann ist das Erlebnis im Jüngerkreis und bei Jesus für Judas nichts anderes als eine Verschärfung des bisherigen Alltagslebens gewesen, es hat sich für ihn nichts verändert oder gewandelt.

Es gibt ja auch heute bei vielen Wünsche nach Vätern und die Sehnsucht nach asketischer Lebensweise. Fasten, Keuschheit, Schweigen, Atemübungen, gesunde Ernährungsweise müssen dann an die Stelle des kompromißlerischen Alltagslebens treten. Mag der Alltag den Genuß bestimmter Speisen zu bestimmten Jahreszeiten verbieten, so gebietet die Askese, nur das zum Leben Notwendigste zu essen. Mag man sonst Reden *und* Schweigen, so will die Askese, daß man nur noch schweigt. Aber jeder asketischen Lebensphase folgt irgendwann die Enttäuschung. Entweder ist man enttäuscht über die »Glaubensgenossen«, die nicht konsequent genug sind, oder man fühlt, daß man der hohen Moral nicht genügen kann. Man spürt, daß man in und unter der Moral sich selbst angebetet und damit überfordert hat. Aber es sieht so aus, als hätten so manche Jünger eben dies gesucht, wie es auch in anderen Gemeinschaften üblich war (Qumran am Toten Meer zum Beispiel): Askese, um endlich die Liebe Jesu zu erringen und damit all das, was sie bis dahin entbehren mußten.

Die Jünger scheinen mit dieser Sehnsucht von Jesus heftig irritiert worden zu sein. Der konnte ebenso fasten wie auch »fressen und saufen«, um einen Vorwurf seiner Gegner aufzunehmen. Man kann also sagen, daß selbst in den Jüngern

– und Judas ist hier nur ihr, abgespaltener, Repräsentant – eben jener Konflikt zu finden ist, der unserer eigenen Widersprüchlichkeit entspricht: Es ist der Widerspruch, willentlich ein gutes, wahres Leben führen zu wollen, erwachsen und geliebt, aber in der Lebenspraxis des Alltags »real existierend«, weit dahinter zurückzubleiben oder sogar das Gegenteil zu bewirken und ständig seine guten Vorsätze »verraten« zu müssen. Die Jünger sind eben typisch »mittelmäßig«, um einen Ausdruck von Friedrich Nietzsche zu gebrauchen. Was ist an einem Jünger mittelmäßig? »Daß er nicht die Kehrseite der Dinge als notwendig versteht: daß er die Übelstände bekämpft, wie als ob man ihrer entraten könne; daß er das eine nicht mit dem anderen hinnehmen will.«[13] Die Jünger sind also, stimmt man Nietzsche zu, unfähig, die Doppeldeutigkeit des Lebens, seine »Kehrseite« zu erkennen, auszuhalten und anzunehmen. Sie sind ambivalenzblind.

Demgegenüber gilt von Jesus, was Nietzsche vom »großen einzelnen« schreibt, »daß der höchste Mensch, gesetzt daß ein solcher Begriff erlaubt ist, der Mensch wäre, welcher den Gegensatzcharakter des Daseins am stärksten darstellte... daß der Mensch besser und böser werden muß, das ist meine Formel für diese Unvermeidlichkeit.«[14]

Besser und böser: Was hier zusammengebracht wird, könnte eine noch niemals populäre, wohl aber treffende Bezeichnung für das irritierende Handeln dessen sein, dem Judas und die anderen Jünger so plötzlich und so spontan nachgefolgt sind. Jesus wäre derjenige, der dem, wie Nietzsche treffend sagt, »Gegensatzcharakter des Daseins« gerecht wird. Die Jünger haben es aber erst später oder gar nicht richtig gemerkt, worauf sie sich eingelassen haben. Sie wollten ein moralisches Gottesbild. Und mit diesem Wunsch kamen sie bald in Bedrängnis, als sie an einen gerieten, dessen Gottesbild für irdische Verhältnisse amoralisch war, eben »böser und besser«.

Meist ist es ja ein moralischer Grund, warum man seine Herkunft verläßt. Sei es, daß man seinen Vater haßt, sei es, daß man Mitleid mit seiner Mutter hat. Es ist aber auch ein moralischer Grund, warum man zum zweiten Mal »weggeht«: Man bekommt Angst um sich und die anderen. Berufung und Verrat, Beginn und Ende einer Lebensentscheidung sind beide »moralisch« motiviert. Der Berufene und der Verräter setzt beide Male auf seinen guten Willen, es anders und besser zu machen. Und daß alle Jünger, einschließlich des Judas, guten Willens gewesen sind, beweist ihr Entschluß, Jesus zu folgen. Aber gerade wegen ihres guten Willens verstehen sie nur schwer oder gar nicht, warum Jesus weniger an ihrem guten Willen als einfach an ihrem »Da«-sein interessiert ist. Das war ihm zunächst wichtiger, als daß sie willentlich etwas »Gutes« oder »Richtiges« taten[15]. Jesus verzichtet im Jüngerkreis darauf, die Einhaltung bestimmter Normen zur Bedingung dafür zu machen, daß er die Jünger liebt und annimmt.

Wenn man so einem begegnet, dann geraten alle gelernten moralischen Sicherheiten ins Schwimmen. Das muß verwirrend sein, wenn man sich von ihm doch gerade eine neue Moral, Klarheit und eindeutige Linien versprochen hat. Statt dessen suspendiert Jesus sozusagen das Ethische, indem er einfach eine Art Raum oder Platz als gnädiges Asyl anbietet: an seinem Tisch zum Beispiel, wo gegessen wird.

Das ist nur schwer zu ertragen, wenn man gewohnt ist, gut und böse eindeutig und von vornherein vorgeschrieben zu bekommen. Die Mahlzeit als amoralischer Raum, sie ist denn auch der Ort, wo die verunsicherte und geängstigte »Moral« wieder auf den Plan tritt, diesmal verräterisch für die jesuanische Amoral.

Warum der Verrat beim Abendmahl dominiert

Das Brot, das ich
geben werde,
ist mein Fleisch.

Johannesevangelium

Die Verratsgeschichte des Judas bekommt beim Abendmahl ihren dramatischen Höhepunkt. Essen und Verrat geraten in seltsame Nähe. Vertilgen und verraten gehören wohl zusammen. Was verrate ich eigentlich, wenn ich vertilge und wenn ich die älteste und wahrhafte Sprache spreche, die Sprache des Mundes? Eines ist deutlich: Ich esse, damit ich bin. Hunger bringt an den Tag, wie und was ein Mensch in Wirklichkeit ist. Ob ich Gemeinschaftsgefühl, sozialen Sinn und Teilen praktiziere, erweist sich erst dann, wenn ich selber großen Hunger habe. Das zeigen vor allem Berichte aus Konzentrations- und Gefangenenlagern. Was also hat der »Verrat« mit dem Essen zu tun: Warum ausgerechnet beim Mahl kündigt Jesus seinen Jüngern an, daß ihn einer »verraten« wird, und zwar der, der seinen Bissen zusammen mit ihm in die Schale taucht[1]?

Viel zu lange hat man sich darum gestritten, ob wir es hier mit einer historischen Szene zu tun haben oder erst mit einer späteren Ausprägung des Abendmahls. Viel wichtiger ist, worauf das Essen hinweist und welches Gefühl die Handlung beim Essen hervorruft und bewirkt[2]. Der Gefühlsbedeutung der Handlung kommen wir am besten auf die Spur, wenn wir von der Beachtung des Essens, der Nahrungsaufnahme und der Mahlzeit ausgehen. Nirgends nämlich läßt sich eine Kultur und ihre Religion besser wahrnehmen als in ihren Essensriten.

In unserem Jahrhundert zum Beispiel ist es weniger wichtig zu wissen, wie man die Gabel führt oder den Löffel hält, als sich darin auszukennen, wie hochwertig und gesund die Nahrung ist oder wie teuer und nobel das Restaurant. Das sieht nach neuer Eßkultur aus. Aber ich habe mich einmal in einem Restaurant umgesehen und durchaus archaische Gefühle bei meiner Wahrnehmung bekommen: Konzentriere ich meine Aufmerksamkeit einen Moment lang einmal nicht auf mein Essen oder meine Tischpartnerin, sondern sehe mir im Restaurant meine »Mitesser« an, dann trifft mich der merkwürdige Anblick rhythmisch auf und ab gehender Eßwerkzeuge. Ich sehe gebeugte Köpfe, seltsame Grimassen und aufgerissene Münder. Die dampfende Masse auf dem Teller und die Art, wie sie im Mund verschwindet, können mir, der ich einen Augenblick aus der Gemeinsamkeit der Einverleibenden herausgefallen bin, den Appetit verderben und dem Ekel nahe bringen. Dieser Ekel bezieht sich auf das »nackte« Vertilgen, das heißt das Vernichten der Speise.

Was ich damit sagen will? Wir sind, wenn wir essen, Vernichter von Leben. Zu dieser bereits von archaischen Völkern gewußten und gefürchteten Beobachtung kommt aber heute noch eine ganz andere, nicht minder gefährliche Erfahrung hinzu. Nicht nur wir vertilgen und verraten die Speise, sondern wir werden auch verraten. Denn wissen wir, was wir uns da einverleiben? Muß ich nicht bei jedem Pilz, jedem Stück Wild damit rechnen, den schleichenden Tod in Form von Bequerelwerten mit zu essen? »Statt Lebenslust mit der Vorzugsmilch einzuschlürfen«, schreibt Stefan Hardt, der sich Gedanken gemacht hat zu Tod und Essen, »horchen wir, ob der Tod nicht darin sein geschmackloses Wesen treibt.«[3] Das heißt, wir müssen mit jedem Bissen einkalkulieren, daß wir und unser Körper, unsere Gesundheit und Vitalität verletzt und somit verraten werden. Dabei würden wir so gerne vertrauen, schon deshalb, weil wir essen müssen und darum ganz eng mit unserer Mitwelt, der tierischen wie der pflanzlichen, zusammenhängen. Luft, Wasser, Erde und Feuer, aus denen unsere Nahrung kommt, sind ja immer noch die Medien, in denen sich unser Körper vertrauensvoll an die Umwelt bindet, eben durch Essen. Der Körper nimmt auf, was in unserer Umwelt entstanden ist. Wir leben durch das Essen in Symbiose mit unserer Umwelt. Mein »Ich« hört nicht auf mit den Hautgrenzen des Körpers. Ich bin angewiesen, etwas in mich hineinzunehmen und mir einzuverleiben, damit ich leben kann. Ja es macht sogar Genuß, delikat zu speisen.

Wenn aber die Nahrung, die ich um den Preis meines Lebens brauche, verseucht ist, dann werde auch ich vergiftet. Dann ist mein Körper durch die Nahrung verraten. Dann ißt mein Leben den Tod. Symbolisch gesagt: Dann sitzt der Verrat an meinem Leben mit am Tisch.

In gewisser Weise kehre ich mit dieser Furcht vor Verseuchung und Gefahr wieder in archaischere Zeiten zurück, wo der Esser eben auch nicht wußte, ob dem Tier, das er aß, nicht ein böser Dämon innewohnte, der ihn vernichten würde. Eigentlich, so lautet die logische Konsequenz, müßte man sich des Essens enthalten. Da das aber nicht geht – es sei denn, man verhungert – muß man notgedrungen Nahrung zu sich nehmen und essen. Und das ist, wie wir an unserem heutigen Eßverhalten sehen, bereits ein Risiko. Das Lebenserhaltende kann lebensgefährlich sein!

Vor diesem modernen Hintergrund rückt ein Streit in ein neues Licht, der seit der Zeit der Kirchenväter und bis zu den Theologen des Mittelalters mit großer Heftigkeit geführt worden ist. Sie stritten sich um die Frage, ob Judas am Abendmahl teilgenommen habe oder nicht. Heute wissen wir, daß dies ganz eindeutig zu entscheiden ist. Natürlich sitzen Verrat und Verräter mit am Tisch, wie unser modern gefährdetes Eßverhalten zeigt. Ich muß aber essen, damit ich lebe. Anders gesagt: Wenn der Verräter immer mit am Tisch sitzt, dann gehört zum Vertrauen der Verrat wie ein Zwillingsbruder hinzu. Judas gehört in den Kreis und an die Tafelrunde. Er sitzt damit mitten in der Kirche, wenngleich man ihm eine abgespaltene und undankbare Rolle zuerkannt hat.

Im übrigen hat der Zusammenhang von Mahlzeit und Verrat bereits in der Bibel Tradition: »Mein Freund, dem ich vertraute«, heißt es in Psalm 41, 10, »der mein Brot aß, tritt mich unter die Füße.«[4] Verrat hat also auch heute mit dem Essen mehr zu tun, als es zunächst aussieht. Aber was ist es, was den Verrat so nahe an den Eßtisch bringt, daß Jesus ausgerechnet dort ankündigt, daß ihn einer aus der Runde verraten würde? Das religiöse Mahl, das »Abendmahl« als eine Sonderform von Mahlzeit bewahrt den Zusammenhang von Verrat und Mahlzeit in drei Formen: in der Form des *Kontrastes*, der *Teilhabe* und in der Form des *Opfers*. Verrat also ist ein Widerspruch zum Essen, zugleich ist er unvermeidlich und er ist nur zu ertragen – das wird meine These sein – in der Form eines bestimmten seelischen Opfers.

Zunächst zum *Kontrast*, weil er einfach und logisch ist: Gemeinsames Essen und bei Tisch sitzen verbindet Menschen miteinander. Von Verrat keine Spur. Im Gegenteil: In vielen archaischen Gesellschaften gerät der Gastfreund, der zugleich – auch sprachlich – der Fremde ist, unter besonderen Schutz, wenn er an einer Mahlzeit beteiligt gewesen ist. Er darf nicht mehr getötet werden. Und noch heute spricht es sich nach dem Essen friedvoller als vorher. Habe ich mich mit jemandem gestritten, so »begehe« ich unsere Versöhnung beim Essen und Trinken. Irgendwie nämlich stimulieren Essen und Trinken in Gemeinschaft besonders integrative und friedlich stimmende Kräfte. Der biologisch bedingte Akt der Nahrungsaufnahme entwickelt sozusagen soziale Potenz.

Essen hält nicht nur »Leib und Seele«, sondern auch die Gemeinschaft zusammen. Es ist darum Gott wohlgefällig: »Iß dein Brot mit Freuden, trink deinen Wein mit gutem Mut, denn dies dein Tun hat Gott schon längst gefallen«, weiß der Prediger Salomo. Wenn aber in diese schöne Gemeinschaftsform der Verrat einbricht, dann muß das wie ein äußerster Kontrast, wie eine äußerste Störung der gemeinschaftsbildenden Kraft des Essens wirken. Der Verrat paßt einfach nicht zur friedlich um den Tisch versammelten Gemeinschaft. Deren Einheit ist durch ihn zerbrochen. Die Jüngerrunde hat versagt. Über diesem Essen liegt fortan der

Schatten des Verrates. Nimmt man noch hinzu, daß gemeinsames Essen in der Vorstellung Jesu bereits der Anbruch des Gottesreiches war, dann bekommt der »Verrat« sozusagen himmlische Dimensionen. Judas verrät nicht nur Jesus und liefert ihn aus, er verrät zugleich den Anbruch des Gottesreichs. Kontrastreicher kann man Mahlzeit und Verrat nicht darstellen! Man hat es aber getan. Nebeneinander. Und mit gutem Grund, wie ich finde. Denn vielleicht macht dies Nebeneinanderstellen von gemeinschaftsbildendem Mahl und gemeinschaftszerstörendem Verrat gerade das Besondere dieser Mahlzeit aus? Vielleicht liegt darin ihre unheimliche Heiligkeit.

Das würde erklären, was Menschen dazu veranlaßt, das Essen nicht nur als einen physischen und sozialen Vorgang zu verstehen, sondern auch als einen religiösen. Das Heilige am heiligen Essen ist, daß diese Mahlzeit nicht aufgeht in ihrer gemeinschaftsstiftenden und darstellenden Kraft. Das Heilige ist mehr: Diese heilige Mahlzeit verträgt sogar noch jene Kraft in ihrem Kreis, die die Gemeinschaft sprengt. Die gute Ordnung des Abendmahls umgreift auch noch die Schuld des Verrates und läßt ihr den Platz am Tisch. Und erst dadurch wird eine Kommunion mit dem Göttlichen möglich: Einverleibung kann nun nicht mehr ausschließlich Verschmelzung, Vereinnahmung und Gemeinschaft sein. Einverleibung beim Abendmahl ist nun auch Abtrennung, Alleinsein und Alleinlassen, weil eben auch dies Erlebnismöglichkeiten der Menschen sind. Keine Erlebnismöglichkeit des Menschen, auch die verletzendste und moralisch zu verurteilende nicht, soll fortan bei diesem Essen ausgeschlossen sein.

Was bedeutet diese Erlaubnis zum Beispiel für eine Praxis des heiligen Essens, des Abendmahls:

Mit dem Theologen Manfred Josuttis[5] meine ich, allen Menschen, die sich immer noch an der Abendmahlsfeier beteiligen, sollen ihre vielfältigen und gegensätzlichen Wahrnehmungsmöglichkeiten gestattet sein. Es sind ihre besten und religiösen Wahrnehmungen. Unsere Wahrnehmungen, so verrückt und verwerflich sie sein mögen, müssen vor den allzu guten Gesinnungen geschützt werden. Wenn diese Erlaubnis gelebt wird, daß man wirklich alles wahrnehmen und aussprechen darf, was man fühlt, dann werden beim Essen vielleicht Vorstellungen artikuliert werden, die wir als magisch einzuordnen gelernt haben. Aber ist der Glaube an eine gesundmachende Tablette, die ich mir einverleibe, nicht ebenso magisch?

Inszenieren, meint Josuttis, können wir solch heilige Erlaubnis beim Essen nicht, aber wir können die Erschütterung und das Staunen, die Bedrückung und die Begeisterung, das Vertrauen und den Verrat, die die Feier der heiligen Mahlzeit im Erleben auslöst, zulassen und, wenn man nicht schweigen will, auch zur Sprache zu bringen versuchen. Der scheinbare Kontrast von Mahl und Verrat bekommt also im heiligen Essen des Abendmahls einen inneren Zusammenhang. Der Verrat ist nicht gewollt, nicht geliebt, wohl aber, wenn er denn passiert, nicht prinzipiell ausgeschlossen.

Und das gilt nun auch für die zweite Form, in der ein Zusammenhang von Mahl und Verrat erscheint: die *Teilhabe*. Die gemeinsame Mahlzeit stiftet nicht nur Gemeinschaft zwischen den Mahlteilnehmern. Sie läßt auch zu, daß ich mit

Hilfe der Einverleibung Anteil bekomme an der Macht des Gegenstandes, den ich zu mir nehme. »Ich habe dich zum Fressen gern«, sagen Liebende noch heute zueinander, wenn sie ihre innige Verbundenheit zum Ausdruck bringen wollen. Jeder Ethnologe, aber vor allem jeder Psychologe kennt diesen Zusammenhang von Teilhabe am anderen durch Einverleibung. Wir distanzieren uns mit Abscheu von jeder Art des Kannibalismus. Und das ist verständlich, wenn man Kannibalismus wörtlich versteht. Aber Freud hat schon erkannt, daß man diese vermeintlich rohen und primitiven Impulse bei unseren Kindern ebenso feststellen kann. Nicht nur, daß sie an der Brust ihrer Mutter saugen und sie sozusagen aussaugen. Sie machen, wenn sie etwas größer sind, ihren Vater zum Vorbild, und das heißt, daß sie sich an seine Stelle setzen wollen[6]. Der kannibalistische Akt ist nichts anderes als der Versuch, sich dem anderen gleich oder ähnlich zu machen. Wenn ich mir jemanden zum Vorbild nehme, dann tue ich auf symbolischer Ebene das, was ein Kannibale auf physischer Ebene tut: Ich verleibe mir einen Teil von meinem Vorbild ein, weil ich es verehre und mich ihm angleichen möchte.

Ignatius von Antiochien hat darum das Abendmahl eine Art »unsterbliche Droge« genannt, weil es an der Lebenssubstanz des Christus, also an seinem ewigen Leben Anteil gewährt. Worin liegt dann aber bei diesem Anteilnehmen der unvermeidliche Verrat? Er liegt darin, daß ich einen Teil des anderen wegnehme. Der Kannibale tötet sein Gegenüber. Der Christ macht es symbolischer: Er gewinnt Anteil an Christus, indem er dessen »Leib und Blut« in Oblate und Wein zu sich nimmt. Dadurch, so hofft er, bekomme er Anteil an Christi Sühne und Auferstehung. Er hofft, daß ihm dies guttut oder anders gesagt: daß es ihm »Macht« verleiht, mit seiner Ohnmacht zu leben und zu sterben. Freilich muß er dafür Christus »vertilgen«, auch wenn ihm das nicht immer deutlich wird.

Vielleicht ist diese kannibalistische Seite unseres Abendmahls leichter zu verstehen, wenn man sich deutlich macht, was geschieht, wenn wir Pflanzliches oder Tierisches essen. Wir vertilgen es mit unserem Essen und machen uns dadurch schuldig an der uns umgebenden Natur. Damit wir unser Leben erhalten, müssen Pflanzen und Tiere sterben. Ältere Kulturen haben noch gewußt, daß sie sich schuldig machen, wenn sie ein Tier töten, einen Baum fällen oder eine Pflanze abreißen. Sie wußten, daß sie dafür zu »sühnen« hatten. Das heißt: Sie wußten, daß ihr Essen und Vertilgen ein Verrat an anderem Leben ist. Sie waren sozusagen in diesen Verrats- und Schuldzusammenhang eingebunden. Deshalb auch vernichteten und töteten sie meist nur so viel, wie sie zum Leben brauchten.

Solch ehrfurchtsvolles und wohl auch angstvolles Verhalten steht in diametralem Gegensatz zu *unseren* Eßgewohnheiten. Wir haben diesen Zusammenhang von Vertilgen und Verrat aus den Augen verloren und vergessen. Indirekt freilich fordert die archaische »Sühne« auf seltsamen Umwegen doch zuweilen auch heute noch ihr Recht: Es müßte uns nämlich aufmerksam machen und warnen, daß die Zahl jener meist junger Mädchen zunimmt, die auf unser Vergessen sehr sensibel und zugleich mit lebensgefährlichen körperlichen Folgen reagieren[7]. Ich meine jene Erkrankung, die wir im Volksmund mit »Magersucht« bezeichnen. Offenbar ist den Betroffenen die Doppeldeutigkeit von Essen und Vernichten unbewußt deutlich, so daß sie auf Speiseangebote geradezu entsetzt und phobisch reagieren. Sie »wollen« nicht schuldig werden am Zusammenhang von Einverleibung und Verrat, von Essen und Töten. Und sie versuchen, sich durch ihre Nahrungsverweigerung gewissermaßen jenseits von Gut und Böse zu stellen, um dem Konflikt zu entgehen. Nur: Diesem Konflikt kann man nicht entgehen, wie wir gesehen haben. Wer leben will, muß nun einmal essen, das heißt, er muß schuldig werden an der umgebenden Natur. Im anderen Fall muß er sterben.

Wie armselig ist unsere Gesellschaft, die keine Wege und Riten mehr bereithält, um ihren sensibleren Teilen ein Aushalten dieses Konfliktes zu ermöglichen? Worin könnten solche Riten und solches Aushalten bestehen?

Das führt zur dritten und wohl unpopulärsten Form, in der der Zusammenhang von Vertilgen und Verrat erscheint: *zum Opfer.* Das Johannesevangelium läßt Christus an entscheidender Stelle einen für unsre Ohren sehr anstößigen Satz sagen. Er lautet: »Ich bin das lebendige Brot, vom Himmel gekommen. Wer von diesem Brot essen wird, der wird leben in Ewigkeit. Und das Brot, das ich geben werde, das ist mein Fleisch, welches ich geben werde für das Leben der Welt.«[8]

Wir haben uns vielleicht an diese Worte gewöhnt, haben sie eingeordnet in die übliche religiöse Rede und verstehen sie irgendwie »symbolisch«, das heißt: nicht ganz wörtlich. Aber bereits der große Forscher Rudolf Bultmann war ziemlich befremdet, als er diese Verse aus dem Johannesevangelium gelesen hat. Denn hier ist ebenfalls von einem Mahl die

Rede, bei der Fleisch (und Blut) des Menschensohnes verzehrt werden. Es kommt sogar noch das Versprechen hinzu, solch Verzehren gewähre »ewiges Leben«. Nun ist man ja inzwischen von der Fremdheit des vierten Evangeliums einiges gewöhnt, aber so realistisch, so kannibalistisch hätte man es eben doch nicht gerne. Einen Jesus zum »Anbeißen« verbeißen wir uns lieber, vor allem deswegen, weil er uns als Speise doch gar zu fremd werden würde. Und man muß ja auch kritisch fragen, ob nicht hier – an zentraler Stelle des Christentums – wieder von neuem eine besondere Form von Menschenopfer eingeführt wird.

Es gibt neuerdings Forscher, die den abendländischen Judenhaß genau auf diesen Punkt meinen zurückführen zu können. Sie sagen: Die Juden lehnen Menschenopfer ab, der christliche Glaube hingegen meine, nur aus solchem Opfer etwas gewinnen zu können. Und die Forscher vergessen auch nicht, sogleich die wahnsinnigen Menschenopfer durch die Nationalsozialisten in ungefähren Zusammenhang mit der Menschenopfertheologie zu bringen. Mit der christlichen Wiedereinführung des Opfers, so sagen sie, wurden zugleich die Juden in schlimmster Weise verraten und verfolgt. Und das habe die Geschichte des 20. Jahrhunderts noch einmal schaurig bewiesen.

Aber so einfach ist es nicht, wie ja überhaupt solche Dualismen – hier Juden, dort Christen – meistens nur auf interessegebundene Verstimmungen hinweisen. Denn, ob jüdisch oder christlich, Gott »will« immer etwas, auch bei den Juden. Und wenn es sich seit Abraham und Isaak nicht um Menschenopfer handelt, dann doch immerhin um Barmherzigkeit, Liebe, Gerechtigkeit und Gehorsam[9]. Die aber werden doch nicht freiwillig erbracht. Ein Gott, der Barmherzigkeit einfordert, will zumindest unser Opfer des Egoismus. Er will mich und nicht irgendeinen Stellvertreter.

Und das muß auch Jesus selbst entsetzt begriffen haben. Deshalb wird ihm das Bild vom Passahmahl so wichtig, um seine Lage bei diesem letzten Essen zu verstehen: Er selbst ist jetzt so einsam, ausgestoßen, voller Angst wie damals das gesamte Volk. Und wie damals Gott das Volk Israel aufgefordert hat, in Ägypten alles zurückzulassen, so wird es ihm geschehen.

Schön hat das Eugen Drewermann in seinem Kommentar zum Markusevangelium nacherzählt: »Wenn man in der Antike auf den Feldern im Herbst das Korn vom Halme schnitt, wenn man die Reben von den Zweigen trennte, dann sang der Schnitter, sang der Winzer Trauerlieder für den Gott, der in dem Korn, im Wein, in allen Nahrungspflanzen gegenwärtig war, der sterben mußte unter den Sichelhieben und den Messerschnitten der Erntearbeiter und der doch gerade so der Menschen Leben wurde, indem er aus dem Schoß der Erde aufstand als Halm und Rebzweig, wenn das neue Frühjahr kam. Das Brotbrechen, das Kornmahlen, das Keltertreten war ein Sakrament, ein äußerstes Symbol dem Leiden gegenüber, und gerade so muß Jesus selbst an diesem Abend das Passah-Brot des alten Israel verstanden haben: »Ich selbst«, sagte er dem Sinne nach zu seinen Jüngern, »bin dieses Brot, das man zerbricht und das gerade dadurch Leben schafft. Gott führt mich in ein Äußerstes an Leid hinein: aber wenn es doch unvermeidbar geschehen muß, ob es sich dann nicht so vollziehen kann wie das Sterben des Korns auf den Feldern, wie das Sterben der Weinrebe an den Hängen, die sich im Tod verjüngen und im Sterben auferstehn?«[10]

Es ist gut, daß der Autor Drewermann dies in Frageform formuliert hat. Denn es war ja auch für Jesus nicht gewiß, ob es ihm so gehen würde wie dem sterbenden Korn und der gekelterten Traube. Judas jedenfalls mochte sich den Tod Jesu nicht so vertrauensvoll natürlich vorstellen. Er ahnte, daß Jesu Sterben eben nicht so vonstatten gehen würde, wie bei Korn und Wein. Er konnte sich ausmalen, was der Kreuzestod bedeutete. Und er konnte darum, das ist sehr wahrscheinlich, dieser eher passiv-leidenden Art Jesu, sich auf die Zukunft einzustellen, nicht zustimmen. Er konnte es einfach nicht aushalten. Er mußte es als eine Art williges Opfer hören, was sich da während des Mahls abspielte. Jesus, sein geliebter Bruder, wirkte auf ihn wie ein Lamm, das man zur Schlachtbank führt, geduldig, sanft, ohne Gegenwehr. Dagegen gab es nur Protest. Der Protest des Judas liegt auf der Hand. Es ist der Protest der Söhne und Töchter der Opfer von Auschwitz. Sie fragen sich und andere heute schmerzlich, was ihre Eltern hat so ohne Gegenwehr in den Tod gehen lassen. Und sie finden darauf keine Antwort, jedenfalls keine zufriedenstellende. Judas will keine Opfer, von anderen nicht und schon gar keine freiwilligen. Das ehrt ihn.

Aber alle Bemühungen, Opfer abzuschaffen, haben bis heute nichts gefruchtet. Im Gegenteil: Je größer die Anstrengung, sie abzuschaffen, desto größer ist die Zahl der Opfer, wie ja auch Judas selbst feststellen mußte, als seine »Auslieferung« für Jesus zum Todesurteil geworden war. Daraus ziehe ich den Schluß: Opfer sind notwendig.

Das ist eine empörende These. Sie legt sich aber nahe,

wenn man die Verratsgeschichte und das Abendmahl nicht auseinanderreißen möchte. Freilich gibt es hier sofort ein lebensgefährliches Mißverständnis. Und dies Mißverständnis hat die christliche Theologie kräftig gefördert. Sie hat Christi Opfertod als stellvertretend und freiwillig dargestellt, so, als sei im himmlischen Familienrat der Vater mit dem Sohn übereingekommen, ihn zu schlachten. Wenn man sich bei dieser Geschichte auf die Seite Gottes begibt – und die Theologen und Kirchen haben das aus Gründen der Leidvermeidung und des Machterhaltes nur allzu häufig getan – dann ist dieser Tod Christi wahrlich ein Rückfall in eine schreckliche Menschenopferpraxis. Dann wird Jesu Tod zu einem masochistischen Ritual. Dieser Gott steht dann wirklich »auf Blut«, wie Uta Ranke-Heinemann unlängst solch schreckliche Opfertheologie gekennzeichnet hat. Als ob Gott und die Theologen zusammenstünden und dem sich windenden Geopferten zuschauten. Opfer kann man aber niemals von anderen verlangen, wenn es nicht furchtbar werden soll.

Gleichwohl meldet sich in den Worten Jesu im Johannesevangelium zumindest die Sehnsucht nach etwas Unveräußerlichem, Bleibendem, nicht Zerstörbarem. Es ist die Sehnsucht nach Wandlung, damit das Leben nicht aufhört zu strömen. Muß man deshalb äußere Opfer bringen wie Jesus und – ich füge hinzu – Judas?

Muß es das Opfer des physischen Lebens sein? Gewiß nicht! Und kein Mensch kann das wollen. Es lohnt sich aber, den Opferimpuls noch einmal genau anzuschauen. Der Impuls zum Opfer ist die Sehnsucht des Menschen, angesichts äußerer oder innerer Not Gott zu begegnen. Beim Essen ist das Opfer ein physischer Vorgang. Er geht von außen nach innen. Das Vertilgen ist ein gutes Bild dafür, daß sich das Göttliche im Menschen, also innen, opfert. Es wird Speise und macht die Verinnerlichung des Opfers anschaulich in der Seele. Wir hingegen können das Außen und das Innen, die Lebens- und die Seelengeschichte, nur schlecht auseinanderhalten. Wir halten unsere Seelengeschichte für Lebensgeschichte, sozusagen für deren verworrenes Anhängsel. Wir nehmen die Seelengeschichte, also das Innere, nicht mehr als eine selbständige, von der äußeren Lebensgeschichte durchaus selbstbewußt unabhängige Geschichte wahr. Darum opfern wir im Außen unsere besten Seiten und eventuell auch andere Menschen. Pointiert gesagt: Solange wir die Opferstätten nicht psychisch, im Seeleninneren errichten, müssen wir sie geradezu zwanghaft im äußeren Leben anrichten.

Könnten wir aber das äußere Leben vom Psychischen und Spirituellen klar unterscheiden und hätten es sozusagen »einverleibt«, dann wäre der Drang zum äußeren Opfer anderer Menschen geringer, da er längst in der eigenen Seele und im »Heiligen« erfahren ist.

Was heute fehlt, sind Menschen, die diesen »Opfervorgang« im Inneren ihrer Seele bewußt zugelassen und erfahren haben. Sie wären Helfer und Hebammen, die solche inneren Opferimpulse als Wandlungssehnsucht verstehen lehrten. Sie wären Priester oder Priesterinnen, die solche verlassenen und verzweifelten Menschen wie Jesus und Judas begleiten könnten, ohne zu erschrecken oder zu schlafen.

Vorerst jedoch muß Judas erschrecken vor Jesu freiwilliger Opferbereitschaft. Dieser Schreck, diese Sorge, diese Angst um Jesus macht ihn zum »Auslieferer« – nach dem Essen. Und Jesus, sein geliebter Bruder, muß wirklich sterben, gemordet; freilich mit jener unerschütterlichen Sehnsucht[12], daß es ihm ergehe wie dem Wein und dem Brot beim Essen: Sie werden vertilgt und sterben, aber sie ermöglichen immerhin anderen und nachfolgenden Menschen Leben.

Wir jedoch haben gesehen, daß jedes Essen zugleich ein Vertilgen von Leben ist. Es rächt sich, wenn man diesen schuldhaften, gleichwohl unvermeidlichen Zusammenhang vergißt. Das Aushalten und Ansehen dieses Konfliktes bedeutet für meine empfindliche Seele immer ein »Opfer«. Solches Opfer kann ich jedoch niemals von anderen fordern. Solches Opfer würde aber weniger Angst machen, wenn ich selbst bereit wäre, es im Inneren zu geben. Das heißt: Wenn ich in die tragische Seite des Lebens einstimme. Ich stimme darin ein, daß ich schuldig werde, weil ich essen muß. Selbsterhaltung ist Schuld an fremdem Leben. In diese Einsicht stimme ich ein, ohne daraus nun wieder ein »positives« Programm zu machen, nach dem nur der leben darf, der sich durchzusetzen vermag. Leben heißt dann essen, und essen heißt schuldig werden, heißt verraten. Insofern kann man gut verstehen, warum der Verrat beim Essen zum Thema geworden ist.

Das Christentum freilich hat diesen Zusammenhang und damit die tragische Seite menschlichen Lebens vor lauter Erlösungssehnsucht völlig aus den Augen verloren. Es rächt sich aber, wenn man den »Verrat« auf eine Person, auf Judas allein abspaltet. Vielleicht ist die Kirche deshalb oft so mitleidslos: Sie kennt die Tragik und das Allzumenschliche zu wenig! Sie läßt sich deswegen nicht gern rühren. Aber schon Friedrich Schiller wußte: »Der Zweck der Tragödie ist: Rührung.«[13] Das freiwillig im Inneren gebrachte Opfer will die Rührung erhalten, das Mitleid mit der geschlachteten Kreatur, das Wissen um den Preis der eigenen Lebenserhaltung und damit natürlich auch die schuldbewußte Dankbarkeit. Ich esse und lebe, weil Pflanze und Tier sich geopfert haben. Mein Opfer besteht von nun an darin, daß ich das erkenne und anerkenne und daraus den Schluß ziehe, nur das zu nehmen, was ich wirklich brauche, um zu leben.

Der Lohn des Verräters und das Geld

Das sagte er aber nicht,
weil ihm an den Armen lag,
sondern weil er ein Dieb war.

Johannesevangelium

Man redet in unseren Breiten nicht gern darüber. Aber die Verratsgeschichte des Judas führt uns wie zwangsläufig neben dem Essen in ein weiteres Umfeld. Es geht um das Geld. Anders gesagt: Die Geschichte führt uns vom Oralen zum Analen. Und dies Verhältnis ist empfindlich gestört. Was immer wir über das Geld und seine Beziehung zum Verrat sagen, ist nämlich geprägt von der Geisteshaltung unserer kulturellen Tradition. Und die ist christlich geprägt. Zum Geld hat man ein gestörtes Verhältnis. Man sieht es sehr einseitig. Und auch das hat mit der Judasgeschichte zu tun. Sehen wir uns also einige Geldgeschichten an.

Wie die drei ersten Evangelien, so kennt auch das Johannesevangelium die Salbung Jesu in Bethanien. Vergleicht man jedoch die Johannesgeschichte mit den anderen Versionen, dann zeigen sich große Unterschiede. Es fällt besonders auf, wie Judas hier in scharfem Gegensatz zu Maria gezeichnet wird:

»Maria nahm nun ein Pfund kostbaren Nardensalböls, salbte die Füße Jesu und trocknete mit ihren Haaren seine

Füße. Das Haus ward erfüllt vom Duft des Salböls. Sagte aber Judas der Iskariot, einer seiner Jünger, der ihn ausliefern sollte: Weshalb wurde dieses Salböl nicht um dreihundert Denare verkauft und den Armen gegeben? Das sagte er aber nicht, weil ihn die Armen kümmerten, sondern weil er ein Dieb war und als Kassenhalter die Einlagen wegnahm.«[1]

Maria also ist diejenige, die sich verschwenderisch hingibt mit ihrem Öl. Judas hingegen ist – nach Johannes – ein habgieriger Zeitgenosse, der zudem noch sein Amt als Kassenwart grob mißbraucht. Das hatten die anderen Evangelisten noch nicht behauptet.

Bei Markus, dem ältesten Evangelium, wird eine unbekannte Frau erwähnt, die von einigen Umstehenden bei ihrer Salbung getadelt wird[2]. Es existiert also im ersten Evangelium bereits der Kontrast von Verschwendung und karitativem Denken. Aber Judas wird nicht erwähnt.

Matthäus erwähnt den Kontrast ebenfalls, setzt aber an die Stelle der ungenannten Tadler die Jünger insgesamt ein[3]. Bei Lukas fehlt die Salbungsszene ganz und gar. Statt dessen redet er davon, daß der Satan in Judas gefahren sei, so daß Judas zu den Soldaten und Theologen gegangen sei: »Die wurden froh und versprachen, ihm Geld zu geben.«[4] Wir erkennen an diesen Entwicklungsschritten, wie sich die Szene vom ersten bis zum vierten Evangelium immer mehr steigert, konkretisiert und zur Belastung einer Person, eben des Judas, auswächst. Immerhin erfahren wir, daß Judas das Geld der Jüngerrunde verwaltet habe. Aber auch das – so Johannes – hat ihn nur zum Dieb gemacht. Man sieht die Tendenz, »dem Erzschuft möglichst viel aufs Konto zu schreiben«[5].

Geld ist ein geeigneter Projektionsträger. Das hat Tradition. Denn seit der Geschichte des Goldenen Kalbs – das eigentlich ein Stier war und ein Fruchtbarkeitsgott – dient das Geld dazu, es als »Mammon« zu verteufeln, nicht ohne zu erwähnen, wie gern das Volk darum herum tanzt. Geld hat also eine merkwürdige Anziehungs- und Abstoßungskraft für die jüdisch-christliche Tradition. Das kann man auch im Johannesevangelium finden. Es stellt eine Geld-Geschichte an den Anfang von Jesu Auftreten:

»Und er fand im Tempel sitzen, die da Ochsen und Tauben feil hatten, und die Münzenbeschneider. Und er machte eine Geißel aus Stricken und trieb sie alle zum Tempel hinaus, samt den Schafen und Ochsen und verschüttete den Münzenbeschneidern das Geld und stieß ihre Tische um und sprach zu denen, die Tauben feil hatten: Traget das von dannen und macht nicht meines Vaters Haus zum Kaufhaus.«[6] Bei Markus heißt es sogar zur »Mördergrube«. Mit dem Geld, das ist an dieser Stelle das Interessante, werden zugleich die Tiere aus dem Tempel getrieben, wie überhaupt Tiere in der Nähe von Geldmetaphern eine Rolle spielen. Man denke nur an den bekannten Spruch, daß es leichter sei, ein Kamel gehe durch ein Nadelöhr, »denn daß ein Reicher in das Reich Gottes komme«[7]. Auch hier bedeutet der Ausschluß des Geldes zugleich den Ausschluß des Tieres.

Das aber heißt: Die Christen schließen mit dem Tier zugleich die »vitalen«, später werden wir sagen: die »imaginativen« Möglichkeiten des Geldes aus. Sie ziehen sozusagen das Leben aus dem Geld heraus. Das Geld verliert seinen vitalen Träger. Es hat nun nichts mehr mit dem Lebendigen zu tun.

Es gibt noch eine dritte Kategorie von Geldgeschichten. Dort findet sozusagen eine Zwei-Reiche-Lehre von Geld und Religion statt. Das sind die vielen kleinen Hinweise auf die zu zahlenden Steuern an die römische Besatzungsmacht. So wird Jesus einmal gefragt: »Meister, ist es recht, daß man dem Kaiser Zins gebe oder nicht?« Woraufhin sich der Angesprochene die Münze geben läßt: »Wes ist das Bild und die Aufschrift?« fragt er, »des Kaisers«, erhält er zur Antwort. Sein Schlußvotum: »So gebt dem Kaiser, was des Kaiser ist, und Gott, was Gottes ist.«

Hier also spaltet das Geld selber auf in zwei verschiedene Bereiche, Gottes Bereich und des Kaisers Bereich. Es trennt sozusagen die zwei Reiche. Und nach dieser Trennung sieht es wirklich so aus, als sei es eindeutig bessser, ohne Geld und in Armut zu leben und, wenn das nicht möglich ist, jedenfalls sorgsam zwischen Kaiser und Gott zu unterscheiden, wobei das Geld mit Gott nichts zu tun hat. Es gehört auf die Seite des Kaisers. Oder es gehört auf die Seite des Judas: Wer »Verräter« ist, der gönnt auch andern nichts. Darum muß auch die Salbungsgeschichte, wie wir gesehen haben, Judas als Dieb und Geizhals hinstellen. Schließlich hat dieser Mensch, so will es ein weiterer Zug der Legende, Jesus für dreißig Silberlinge verkauft. Das ist sehr wenig Geld, wie man aus einer alten Geschichte bei dem Propheten Sacharja weiß. Silberlinge haben dort, wegen ihres geringen Wertes, einen schäbigen Klang. Hier bei Judas soll das Geld den Verrat noch schäbiger machen. Matthäus und Johannes meinen, Judas sei es um das wenige Geld zu tun gewesen. In negativerem Licht kann Geld eigentlich gar nicht mehr stehen.

Wie kommt es zu dieser »Abwertung« des Geldes? Vielleicht haben die frühen Christen gespürt, wie viele Möglichkeiten und Träume im Geld stecken können und wie sehr Geld unser Denken und Fühlen besetzen kann. »Die großen Rivalen für die Rettung unserer Seele durch Jesus Christus sind Sexualität und Geld«, meint denn auch ein heutiger Psychologe[9]. Weil sie gefährliche Rivalen sein können, müssen beide, Sexualität und Geld, schlechtgemacht werden, damit Jesus Christus um so heller strahle. Geld und Sexualität müssen schließlich bei uns ein ungeliebtes Schattendasein führen. So hoffen wir, der Faszination, die von beiden ausgeht, entgehen zu können. Man kann das im Falle des Geldes und des Kapitals vielleicht sogar verstehen. Für die Abspaltung des Geldes gibt es wahrhaftig Gründe, denn nichts ist so vielgestaltig, verwirrend und auch gefährlich wie Geld. Fragt man zum Beispiel heute einen Analytiker nach therapeutischen Tabus, dann bekommt man häufig zur Antwort, daß Berühren, Trinken, Küssen und Geschlechtsverkehr fast weniger verboten sind als einem Patienten Geld zu leihen[10].

Geld ruft die stärksten Emotionen hervor. Es hat die Tendenz, uns völlig zu verwickeln: bei Erbstreitigkeiten, Ehestreit, Steuerhinterziehung oder Börsenspekulation. Und deshalb möchte die christliche Kirche nicht, daß »Gott« und die »Seele« mit Geld etwas zu tun bekommen, sieht man einmal von dem durchsichtigen Versuch des 16. Jahrhunderts ab, wo man mit dem Ablaßhandel eine neue Kirche finanzieren wollte.

Überwiegend jedoch – und gerade im protestantischen Bereich – überläßt die Religion das Geld der Welt, wenngleich nichts so heftige Diskussionen hervorruft wie zum Beispiel das Kirchensteuersystem in der Bundesrepublik und nun auch in der DDR. Aber das ist nur ein Beweis dafür, welch schattenhaftes Dasein Geld in der Kirche führen darf. Es bleibt faszinierend, aber offiziell nur aus karitativem Grund. Kommt das Geld dem Religiösen zu nahe, dann kritisiert man es schnell als »Mammon« oder denunziert es als Luxus oder »avaritia« (Habgier), um eine gebräuchliche »Todsünde« zu nennen. Geld ist dann ein Laster. Am Geld trennen sich Cäsar und Gott, wie die Geschichte von der Münze zeigt. Und Judas, das ist die Konsequenz, gehört auf die satanische Seite des Cäsar. Die Trennung und Teilung ist perfekt.

Wenn man arm ist, dann mag diese absolute Trennung und der materielle Aspekt dieser Geschichte wenig Schwierigkeiten machen. Man hat eh' kein Geld und gehört deswegen auf die Seite der Unverdächtigen. Das ist jedoch bei einem mitteleuropäischen Christen in der Regel nicht der Fall. Und so wirkt es immer etwas komisch, wenn zum Beispiel ein Pfarrer, der ja selber relativ »reich« ist und einen beamtenähnlichen Status hat, das »Evangelium der Armen« verkündet.

Diese Komik spüren heute manche. So formulierte zum Beispiel vor einigen Jahren der ehemalige Landesbischof von Hannover Eduard Lohse dem Sinn nach: Die Kirche, die das Evangelium für die Armen gehört hat und entschlossen ist, darauf zu vertrauen, wird eine »mit den Armen solidarische Kirche sein müssen«, so schreibt der Bischof, um dann einen Gedankenstrich zu machen und hinzuzufügen: »freilich ohne daraus eine Ideologie oder ein politisches Programm zu machen.«[11] Was gäbe man darum, wenn man die Gedanken lesen könnte, die den Gedankenstrich hervorgebracht haben! Angst vor einer politischen Aufgabe der Kirche? Angst vor Konsequenzen im Geldbeutel? Vielleicht. Aber das wäre noch gut zu verstehen. Viel problematischer ist, daß – trotz reicher Kirche – auch der Bischof die Prämisse akzeptiert: Geld und Evangelium stehen im Gegensatz zueinander, getreu dem Matthäuswort: »Niemand kann zwei Herren dienen; denn entweder wird er den einen hassen und den anderen lieben, oder er wird dem einen anhangen und den andern verachten. Ihr könnt nicht Gott dienen und dem Mammon.«[12]

Aber mit solchen apodiktischen Trennungsversuchen sind die Christen das Geld noch lange nicht los. Man kann die christliche Abwertung des Geldes nicht einfach hinnehmen und Judas damit beladen. Schon deswegen nicht, weil die Christen selber sich in ihrer Geschichte mit der Wiederkehr des Verdrängten immer neu auseinandersetzen mußten. Das gilt übrigens ebenso für die säkularen Nachfahren der Pfarrer in unserer Kultur, die Zunft der Analytiker. Sie leiden häufig noch an diesem Schatten der christlichen Position. Denn ihr wohldurchdachtes System, um Zahlungen von ihren Patienten für das »Heil« der Individuation zu garantieren, ihr System auch, wie sie ihre eigenen Ausbildungskandidaten rekrutieren[13], ist manchmal selber eine moderne Form von Simonie (Ämterkauf in der früheren Kirche), auch wenn den Analytikern diese Parallele nicht mehr deutlich ist. Vielleicht war sich die Kirche ihrer »Sünde« noch mehr bewußt als die Analytiker heute.

Geld also behält seine, wenn auch jetzt geheime Faszination für die Religion. Es hat sie immer gehabt. Im Grund hat der Ablaßhandel versucht, den archaischen Zusammenhang von Geld und Seelenheil wieder neu zu beleben. Aber die Tatsache, daß man das Geld zum Kirchbau in Rom brauchte, daß also volkswirtschaftliche Interessen im Vordergrund standen, ließ diesen Zusammenhang nicht mehr plausibel erscheinen. Anders ist der Erfolg Luthers nicht zu erklären.

Gleichwohl spielen selbst in der Geschichte des Urchristentums finanzielle Probleme eine große Rolle. Was mußte Paulus nicht alles tun, um zu seinem Geld zu kommen. Wie wichtig war auch der Jerusalemer Urgemeinde das von anderen Gemeinden gesammelte Geld, die Kollekte. Wie häufig schließlich begegnen uns Geldmetaphern in verkleidetem Gewand. Da wird von Christus »losgekauft«, was wir an Sünden haben. Er selber ist »das Lösegeld«. Und auch der Lohngedanke läßt sich ganz unbefangen auf das Verhältnis zu Gottt anwenden.

Solche Bilder und Geldmetaphern schleichen sich eben fast unbemerkt ein. Sie beweisen, wie wichtig »Geld« ist als Gabe und Gegengabe, als Mittel, um (auch die seelischen) Schulden zu begleichen. Wie wir gesehen haben, kann ja selbst der »Erlöser« als Zahlungsmittel fungieren: Jesus Christus als »prämonetäres Geld«[14]. Man kann es sich also gar nicht leisten, das Geld völlig von der religiösen Sphäre abzuspalten, wie man es mit Judas und später dann auch in *dem Juden* in Europa versucht hat.

Ursprünglich soll das Geld sogar an den Heiligtümern entstanden sein, weil es so leichter gewesen ist, die Naturalabgaben an den Tempel zu ersetzen. Die frühen Münzprägungen in Israel wurden denn auch dazu gebraucht, um die Tempelsteuer zu bezahlen[15]. Die Münze stammt also aus der »Sphäre des Opfers«[16] und wird zunächst auch noch als »Opfer« verstanden. Geld und Opfer gehören bei der Tempelsteuer noch zusammen.

Das aufkommende Münzgeld jedoch hat, trotz seiner Nähe zum Opfer, dann aber doch negative Konsequenzen gehabt für das Gottesbild. Und vielleicht erklärt sich daher, warum es so einseitig negativ »besetzt« und schließlich auf Judas projiziert wurde: Aus der Gabe nämlich, die bisher im Tempel abgegeben wurde, ist durch das Münzgeld eine Ware geworden. Das Opfer war nicht mehr geprägt vom Geist des Gebers. Sein Wert bemaß sich daran, wieviel Geld es gekostet hatte. Warenprodukte kann man gar nicht mehr opfern, weil sie einem selbst fremd und nicht mehr Teil der opfernden Person sind. Das Geld also wird autonom. Es folgt eigenen Gesetzen, die unabhängig sind vom Geber. Geld erhält eine selbstwirkende, vom Geber völlig abgelöste Kraft.

Es fällt in diesem Zusammenhang auf, daß zum Beispiel Karl Marx von der »Magie des Geldes« redet und von seiner »Transsubstantiation« (also von der »Umwandlung«; ein Begriff aus der Abendmahlsterminologie). Das sind alles religiöse Begriffe. Geld selbst löst sich vom Geber, das Opfer wird dadurch abstrakt. Es wird zur Kollekte, die man einsammelt und an der der Geber nicht mehr oder kaum noch zu erkennen ist. Dabei bekommt Geld sozusagen magischen Eigenwert: Wer es besitzt, kann alles dafür bekommen, und er kann sich von allem loskaufen, was ihn beschwert.

Aber auch diese Wirkung des Geldes muß man nicht nur rein negativ sehen. Das haben die Griechen als luzide Psychologen besser gewußt als die Christen. Sie haben das Geld einer Göttin zugeordnet und haben ihm damit göttlichen Glanz verliehen. Das englische Wort »money« nämlich weist zurück auf die Göttin Moneta, eine römische Entsprechung zur griechischen Göttin Mnemosyne, der Mutter der Musen. Deren Name bedeutet übersetzt: Imagination. Geld ist bei den Griechen also zunächst einmal nichts Schlechtes. Es ist imaginativ. Wenn ich Geld habe, dann kommen meine imaginativen Möglichkeiten zum Zug: dies zu tun, jenes zu besitzen. Es bringt sozusagen jene Kräfte oder – wie die Mythologie sagt – jene »Götter« zum Vorschein, die meine Phantasien prägen: knausrig wie Saturn, großzügig wie Jupiter, prahlerisch wie Mars oder sinnlich wie Venus.

Geld also ruft meine imaginativen Fähigkeiten, positiv und negativ, hervor. Das soll die Verbindung des Geldes mit den verschiedenen Göttern anzeigen. Geld ist insofern polytheistisch und doppeldeutig[17]: Es kann sich negativ auswirken, wenn es mit Saturn oder Mars zusammengeht, das heißt, wenn es Geiz oder Prahlerei hervorruft. Es kann aber ebensogut – und das scheint mir wichtig – großzügige oder gar sinnliche Seiten in uns erwecken und gestalten.

Geld gehört ursprünglich also in den imaginativen Bereich. Seine positiven Möglichkeiten jedoch haben wir durch unsere Art, das Geld zu vereinseitigen, zu unserem Schaden verdrängt. Weil wir das Geld so negativ auf die kapitalistischen Judasmenschen abgespalten haben und verteufeln, schneiden wir uns überhaupt von einer phantasievollen Kultur des Geldes ab. Dafür aber kann das Geld allein gar nichts. Daß Geld als so häßlich gilt und so dreckig, daß es nur noch unter rein quantitativen Gesichtspunkten wahrgenommen wird, ist nicht sein Fehler, sondern es hängt mit den Projektionen und Bewertungen zusammen, die es bei uns bekommt.

Und das muß anders werden. Wir können nicht zulassen, daß Judas einseitig zum Dieb und Geizhals gemacht wird. Wir müssen ihn – symbolisch gesprochen – wieder in seine Rechte als Kassenverwalter einsetzen. So wie wir ihn wieder an den Tisch der Jünger holen, so machen wir ihn wieder zum Verantwortlichen für das Geld. Judas beim Geld wieder ins Recht zu setzen als einen, der den Umgang mit dem Geld nicht verachtet hat (vielleicht ist das der historische Kern der Diebstahlslegende?), würde bedeuten, die phantasievollen Seiten des Geldes, mythologisch gesprochen: ihre Herkunft von den Göttern, wieder spielerisch aufzunehmen. Man müßte dann nicht mehr alle als schlecht geltenden Verhaltensweisen wie Habgier und Geiz auf »den Juden« projizieren wie noch Lukas Cranach in seinem Abendmahlsbild: Dort ist Judas der, wie Cranach meint, »typische Jude« der Reformationszeit mit Spitzbart und Geldbeutel, geldgierig und verkommen, während die anderen Jünger, in denen unschwer die damals bekannten Reformatoren zu erkennen sind, dem Herrn viel näher sind.

Käme aber Judas wieder neben Jesus zu sitzen, um jenem den phantasiegebundenen Umgang mit dem Geld schmackhaft zu machen, dann würden wir auch sehen, was jetzt wie eine Ketzerei klingt: Geld und Gott haben viele Ähnlichkeiten. So wie Gott, nach einer weisen Bemerkung des Nikolaus Cusanus, alle Gegensätze und Mannigfaltigkeiten in sich vereinigt, so daß alle Fremdheiten und Gegensätze und Unversöhnlichkeiten in ihm zu Einheit und Ausgleich gelangen, so auch das Geld: »Es wird zum Zentrum«, schreibt der Philosoph G. Simmel, »in dem die entgegengesetztesten Dinge ihr Gemeinsames finden und sich berühren«[18].

Das sind, wohlgemerkt, Ähnlichkeiten in der Struktur, nicht in der Sache. Jesus hat ja gerade darauf bestanden, daß wir Gott nicht wie beim Geld in den Dingen, sondern in der Beziehung zu Menschen finden. Immerhin: Vielleicht ist der Übergang von Dingen zu Menschen weniger schwierig, wenn wir verschiedene, schlechte und gute Erfahrungen mit dem Geld gemacht haben. Es ist denn sicher auch kein Zufall, daß Johannes gerade eine Geldgeschichte gewählt hat, um den Zusammenhang von Hingabe (dies Wort gehört auch zum Umkreis der Wortbedeutungen des griechischen Wortes für »verraten«), Verschwendung und Tod anzudeuten. Unsere Salbungsgeschichte ist ja zugleich eingebunden in eine Abschiedsszene. Sie bekommt damit die Kraft eines Vermächtnisses. Verschwendung, so lautet die Pointe dieser Geschichte, ist dem Tod ebenso nahe wie die Liebe. Und auch die Liebe läßt sich nicht durch Nützlichkeitserwägungen kontrollieren[19]. Das heißt: In der Salbungsgeschichte wird das Geld nicht auf rein quantitative Bereiche eingeschränkt. Es wird an seine imaginativen, verschwenderischen Möglichkeiten gebunden. Die Frau verschwendet das um teures Geld gekaufte Salböl. Nicht Lebensversicherung betreibt sie mit dem Geld, sondern Lebensverschwendung. Schade, daß Johannes diese Verschwendung nur meint feiern zu können vor der Folie des als dunkel und geizig geschilderten Judas.

Vielleicht hat Judas unter allen Jüngern noch am besten von den ambivalenten Möglichkeiten des Geldes wissen können. Seine Rehabilitation wäre zugleich die Rehabilitation des Geldes in unserer Religion. So wie es nicht mehr nur einseitig schlechtgemacht werden müßte, sondern auch großzügige und sinnliche Möglichkeiten bekäme, so könnte es auch die Einstellung der Christen zur Realität verändern.

Vielleicht hat die gegenwärtige »Alleinherrschaft« des Kapitals, das nur mühsam sozial gebremst werden kann in unserem Wirtschaftssystem, mit der bisherigen Verachtung des Geldes in der Religion zu tun. Wir brauchen das Geld nicht anzubeten – das nicht –, aber wir müssen ihm wieder Aufmerksamkeit schenken, um auch seine imaginativen Möglichkeiten wahrzunehmen und es nicht nur auf der Verratsseite zu buchen, das heißt: Judas wieder in sein Recht als Verwalter des Geldes einzusetzen.

Der Judaskuß

> Erst wenn der gerettete Bruder erkennt, wie treu sein Bruder ihm gegenüber gewesen ist, kann es zur endgültigen Versöhnung beider Brüder kommen.
>
> *Uwe Steffen*

Bisher könnte es so aussehen, als seien die verschiedenen Verratsgeschichten und ihr Umfeld von Essen und Geld reine Begebenheiten zwischen Männern. Um so auffälliger ist folgende Beobachtung: Der Verrat schafft sich zusätzlich ein merkwürdiges sprachliches und bildhaftes Umfeld. Je mehr nämlich sich sein Drama entwickelt und je mehr die Geschichte im Neuen Testament auf den Höhepunkt zuschreitet, desto deutlicher tritt eine »weibliche« Symbolik hervor[1].

Ich nenne »weiblich« die folgenden symbolischen Bilder: das Waschen der Füße während des Abendmahls und der Garten Gethsemane[2]. Es folgen der Becher, der Schweiß, der Kuß, das abgeschlagene Ohr, die Frauen auf dem Weg nach Golgatha, der Traum der Gattin des Pilatus, die Nacktheit, die Wunde an der Seite des Gequälten am Kreuz. Dies alles deutet eher auf eine »weibliche« als auf eine »männliche« Symbolik hin. Es ist sonderbar, daß sie im Umkreis der Verratsgeschichte besonders häufig auftritt. Warum geschieht das?

Meine erste Vermutung ist: Gerade der furchtbare Verrat

ruft diese Bilder herbei, die auf Fließendes und Liebendes hindeuten, sozusagen auf die Erosmission dieser Geschichte. Das würde bedeuten: Erst in dem Moment, wo der Verrat seine von uns bisher ausschließlich als Verletzung empfundene Macht zeigt, ruft er – unfreiwillig – die Gegenmächte auf den Plan. Die Liebe bekommt eine Chance, ja sie drängt sich geradezu heran, um der Verletzung nicht allein den Platz zu überlassen! So merkwürdig dies zunächst klingt: Wo ich verrate oder wo ich verraten werde, soll die Liebe auftreten und wirksam werden, auch wenn wir zunächst nur die Scham oder die Verletzung wahrnehmen können.

Woran sich diese merkwürdige Wandlung erkennen läßt? Am Kuß in der Verratsgeschichte! Er ist das Liebeszeichen schlechthin, auch wenn wir ihn bisher kaum so gesehen und empfunden haben. Denn das Wort »Judaskuß« steht umgangssprachlich eher für eine ganz und gar unerotische Mission. Die schwärzeste Tat bedient sich des Zeichens der Liebe. So hat zum Beispiel der Evangelist Lukas diesen Kuß deuten wollen. Er hat darin eine besondere Schändlichkeit gesehen. Darum auch läßt er Jesus sagen, was Ausdruck seiner und seiner Leser Empörung ist: »Judas, mit einem Kuß verrätst du den Menschensohn?«[3] Eine der schönsten Formen zwischenmenschlicher Annäherung also soll hier verraten sein, folgt man der Interpretation des Lukas. Der Kuß findet in Judas Tat, so würde Lukas folgern, seine archaische Form wieder: Er wird zum symbolischen Biß. Denn der Kuß ist ja vielleicht ursprünglich ein domestizierter und in Liebe umgebogener Biß. Der Kuß zwischen Judas und Jesus hat also eine wichtige Bedeutung, zunächst eine negativ interpretierte.

Andere Interpreten wollen den Kuß schnell verharmlosen. Sie entdramatisieren ihn und behaupten kühl historisierend: Der Kuß sei einfach ein Begrüßungsritual zwischen einem Meister (Rabbi) und seinem Schüler gewesen[4]. Das mag historisch ja so gewesen sein. In unserem Fall jedoch spürt man geradezu – und viele Künstler haben das ebenfalls zum Ausdruck gebracht –, daß der Kuß eine immense gefühlsbetonte Aufladung erhält. Er ist sozusagen der Höhepunkt des gesamten Dramas, das sich zwischen Liebendem und Geliebtem, zwischen Verräter und Verratenem ereignet. Das kann man auch daran erkennen, daß der vierte und letzte Evangelist, Johannes, von einem Kuß zwischen den beiden lieber nichts mehr wissen will. Wäre der Kuß nur Begrüßungsritual, dann hätte Johannes ihn auch vermelden können. Aber der Kuß war für ihn ein Skandal. Er paßte nicht in seine Konzeption. Er war ihm zu intim. Johannes nahm Anstoß und strich diesen Kuß, denn ihm lag an einer absoluten Entgegensetzung von Jesus und Judas[5].

Von theologischer Seite übrigens ist wenig Bemerkenswertes zu diesem Kuß gesagt worden. Die Theologen haben die Deutung des Lukas übernommen: Ein Liebeszeichen wird mißbraucht, sagen sie. Und im übrigen verweisen sie darauf, daß nach jüdischer Überlieferung auch Esau den Jakob nicht aus ganzem Herzen geküßt, sondern gebissen habe[6]. Die Konsequenz aus diesem Fund in der jüdischen Tradition war dann für die Exegese ganz eindeutig: Auch Judas hat Jesus recht eigentlich nicht geküßt, sondern eher gebissen. Der Judaskuß als Biß des Verrats!

Mir scheinen diese Deutungen recht oberflächlich und einfach zu sein. Sie sind deswegen so einfach, weil man Judas wieder einmal alles Schlechte aufgehalst hat: Selbst sein Kuß ist vergiftet. Dem inneren Geheimnis der »Auslieferung« an die religiösen Autoritäten und an die staatliche Macht kämen wir mit dieser Erklärung auch nicht weiter auf die Spur.

Wie wäre es jedoch, wenn Judas' Kuß das ist, was auch sonst Küsse sein können? Ein Liebeserweis! Das würde nämlich unsere Aufmerksamkeit ganz im Sinne des Hofgeismarer Bildes auf die, wie Freud sagen würde, »libidinöse« Judas-Christus-Beziehung lenken. Und es würde diese Beziehung nicht von vornherein als feindliche deuten.

Wir sind bei der Deutung des Kusses übrigens am Kern des christlichen Antisemitismus. Er sieht im sprichwörtlichen Judaskuß ausschließlich einen schändlichen Verrat und damit einen absoluten Gegensatz zu Jesus. Dabei weiß man doch inzwischen, daß jeglicher religiöse Antisemitismus eine Projektion jener Aggression auf die Juden ist, die die Christen eigentlich selbst gegen Jesus hegen[7].

Wie ist das zu verstehen: Wieso sollen die Christen etwas gegen Jesus haben?

Das scheint ein ungeheurer Gedanke zu sein, denn Jesus kann man nur lieben. Eine ambivalente Haltung zu ihm gibt es nicht[8]. Man darf an der moralischen Vollkommenheit des Menschen Jesus nicht rütteln. Das ist ein Tabu, weil man sonst keinen Halt mehr findet, von dem aus so etwas wie »Erlösung« möglich ist. Aber dieses Tabu, daß Jesus moralisch einwandfrei und nicht ambivalent ist, war noch immer die wirksamste Waffe des christlichen Gottesbildes, sich gegen Wandlungen zu wehren. Die Möglichkeit einer dunklen, noch unfertigen, unbewußten Seite im Menschen Jesus ist tabuisiert. Denn wenn Jesus unfertig und dunkel wäre, dann könne seine Gläubigen leicht die Angst überschwemmen. Sie müßten nämlich mit der Möglichkeit rechnen, daß der Urgrund des Lebens ganz und gar aus Verrat und Verlassen bestehen könnte. Damit aber verlören sie jeden Halt. Das Urvertrauen in Jesus wäre gebrochen und seinerseits »verraten«. Aber genau das müssen wir riskieren! Wir haben keine Wahl: Wir sind dem »Verrat« ausgesetzt, aktiv oder passiv, handelnd oder erleidend. Das gilt für unsere Lebensgeschichte ebenso wie für unsere Religion.

Vielleicht ist die Verratsgeschichte in der Religion jene prekäre Stelle, wo mein bisheriges an der Mutter orientiertes Urvertrauen der Zumutung begegnet, mich zu wandeln. Ich muß von nun an mit einem gebrochenen Vertrauen leben[9]. Das nenne ich eine Wandlung von jener ersten, naiven Gottesfrömmigkeit zu einer wissenden, ja auch tragischen. Deswegen gehört der bisher als gänzlicher Antityp zu Jesus empfundene Judas so ganz und gar in Jesu Nähe. Man könnte es – klänge es nicht zynisch – Voraussicht Gottes nennen: Der Verräter des Erlösers bricht unseren kindlichen Glauben. Er macht unseren Glauben erst »erwachsen«, weil er alle Sicherheit und allen Schutz vor »Verrat« zunichte macht. Er setzt uns dem Risiko des Existierens aus und nimmt uns die Krücken vermeintlicher Sicherheit. So ist das Leben und so will es die Verratsgeschichte sehen: Es ist, wie es ist.

In den Evangelien und in der Legende freilich wird Judas zu einem bösen »Typ« gemacht. Solche »Typisierungen« gehen immer zu Lasten des konkreten Lebens und des abgespaltenen dunklen Teils. In diesem Fall zu Lasten des Judas. Die Christen lösen in ihm einmal mehr ihre Ambivalenzprobleme, indem sie sozusagen zwei »Sündenböcke« schaffen: Jesus und Judas. Der eine steht für Liebe und der andere für Verrat. Das wird aber beiden nicht gerecht, historisch nicht und existentiell schon gar nicht. Deswegen muß man ihre Geschichte so lesen, wie wir hier vorschlagen: beziehungsreicher. Der Kuß wird uns dabei die Richtung weisen.

Von Judas aus gesehen war der Kuß, das ist die These, ein Liebeserweis. Judas wollte Jesus retten: Retten vor Jesus selbst, retten auch vor den anderen Jüngern, retten schließlich vor dem Zorn des Volkes. Darum lieferte er ihn liebend der schutzbietenden Haft der religiösen und politischen Autoritäten aus. Er wollte damit sozusagen dem dreifachen Scheitern Jesu vorbeugen: dem Scheitern bei seinem Volk, bei seinen Jüngern, bei seinem »Vater«. Also küßte er ihn, um ihm deutlich zu machen, wie gut er es meinte.

Es gibt überhaupt keinen Grund, dem Kuß schändliche Motive unterzuschieben, nur weil wir nachfolgenden Leser uns lieber in Jesus statt in Judas versetzen möchten. Man muß sich schon in beide einfühlen, in Judas ebenso wie in Jesus. Darum nämlich unterscheidet die christliche Tradition so genau zwischen dem (historischen) Jesus und dem (uns immer wieder ansprechenden) Christus: Jesus ist das verratene und ermordete Gegenüber zu Judas. Er kann diesen Verrat nicht überleben. Er geht daran zugrunde. »Christus« jedoch ist der wirkende Versuch, Judas eben nicht abzuspalten, die beiden irdischen Männer Judas und Jesus zu umschließen wie auf dem Bild in Hofgeismar. Darum auch ist es ein Christusbild, nicht eine Abbildung des irdischen Jesus. In Christus ist Judas enthalten.

Wenn dies wahr ist, dann muß man auch nicht konstruieren, daß der Kuß zwischen Jesus und Judas gewissermaßen abgesprochen war, wie Walter Jens meint. Der Kuß war eben kein heroischer Akt der Selbstverleugnung des Judas. Aber dennoch hat auch Jens diesen Kuß nachempfindend als Liebeserweis geschildert, und es lohnt sich, seinen Monolog des Judas hier zu zitieren:

»Ich ging auf ihn zu, sehr langsam, beinah bedächtig, er lächelte, ich küßte ihn, und wir umarmten einander. Wir beide: ein paar Sekunden lang ganz allein auf der Welt. Die Soldaten weit weg, mit gesenkten Lanzen, so als schämten sie sich; die Jünger: irgendwo im Dunkel versteckt. ER und ICH... Der letzte Liebeserweis: Judas aus Kerioth küßt seinen Herrn. Und er, Jesus von Nazareth, sagte zu mir: ›Mein Freund.‹ Ja, wir gehörten zusammen, wir zwei.«[10]

Sie gehörten sogar so weit zusammen, daß Historiker behauptet haben, Jesus und Judas seien Brüder gewesen. »Da Judas Iskariot und Judas der ›Herrenbruder‹ ähnliche Anschauungen vertreten zu haben scheinen«, führt der jüdische Theologe Pinchas Lapide aus, »könnte es da nicht sein, daß es sich um ein und dieselbe Person handelt?«[11]

Man muß hier nicht entscheiden, ob das historisch so war, oder nicht. Das Motiv der beiden feindlichen Brüder ist hinlänglich bekannt. Es taucht immer dann auf, wenn man zeigen möchte, daß zwei ganz und gar gegensätzlich scheinende Strebungen wie Liebe und Verrat irgendwie zusammengehören. Dann sind die beiden »Brüder« Repräsentanten von gegensätzlichen Strebungen, die in jedem Menschen liegen. Man kennt das von Kain und Abel oder aus dem Grimmschen Märchen »Die zwei Brüder«[12]. Bei Kain und Abel sind Täter und Opfer klar verteilt, wenngleich der »Täter« zuletzt göttlichen Schutz erhält. Bei Judas und Jesus sind Tat und Täter nicht ganz so eindeutig verteilt, auch wenn es manche gern so hätten. Immerhin ist bei Judas von einer »Reue« die Rede, was man bei Kain vergebens sucht. Auf jeden Fall möchte der Hinweis auf den »Bruder« zeigen, daß Judas und Jesus zusammengehören, freilich in unterschiedener Weise. Wie die Sache von Judas her aussieht, haben wir gesehen.

Für Jesus sieht der Kuß anders aus als für Judas, weil er sich in einer anderen Situation befindet. Für ihn, den Kenner der Tradition seines Volkes, bedeutet der Kuß eine Art ahnungsvollen Erkennungszeichens. Es gibt nämlich in der jüdischen Tradition das Motiv des »Mitha bi-Neschika«, des Todes im Kuß[13]. Der Gerechte stirbt nach jüdisch-haggadischer Vorstellung in einem Kuß Gottes, so wie einst dem sterbenden Mose auf dem Berg die Seele weggeküßt worden ist. Wenn der Tod als ein sanfter Kuß auftritt, dann verliert er etwas von seinem Schrecken. Vielleicht ist es die Ironie dieser Szene, daß Jesus als sanftes Zeichen deutet, was Lukas und andere nur als schändlichstes Tun bezeichnen können. Mit dem Kuß des Judas ist für Jesus das Erkennungszeichen gegeben. Jesus »erkennt« in dem Judaskuß sein eigenes Ende. Und so ist der Kuß ihm Liebe und Tod zugleich. In Judas begegnet ihm der Freund, aber auch der Tod, Sanftes und Schreckliches zugleich, oder man kann auch sagen: Das Schreckliche begegnet ihm in sanfter Gestalt. Im Kuß wird Judas ihm einerseits zum Bruder und andererseits zum Zeichenträger, das heißt zu einer Person, die eine Botschaft überbringt, ein Erkennungszeichen. Also nicht nur für die Häscher ist der Kuß ein Zeichen, wie die Evangelien deuten, sondern auch für Jesus selbst. Darum sagt er die sonst völlig unverständlichen Worte zu Judas: »Darum bist du gekommen, *mein Freund.*«[14] Es gibt kein distanziertes Verhältnis zwischen diesen beiden. Jedenfalls nicht von der Seite des »Bruder Jesus«[15]. Jesus meint, was er sagt, und er erkennt hier Judas, seinen Freund, als »Zeichenträger« einer nicht in dessen Willen befindlichen Macht.

Lukas und Johannes, die späteren Zeugen, meinen diese Macht genau zu kennen. Sie behaupten: Es sei der Satan in Judas gefahren. Aber was macht sie so sicher? Wer kündigt denn Tode an? Doch nicht der Satan. Wenn es aber nicht der Satan ist, dann muß Gott selbst der Absender dieser Ankündigung sein! Dann schickt er in Judas das Zeichen, den bitteren Kelch. Dann konfrontiert er Jesu »Willen« durch den seinen, fremden »Willen«, der sich hier im Kuß sanft andeutet. Dann meldet sich im Liebeszeichen jene rätselvolle Macht, deren Liebe diesseits vom Tod nicht klar erkennbar und sicher zu wissen ist. Dann liefert dieser Kuß Jesus nicht nur an seine Häscher aus, sonden auch an jene quälende Ungewißheit darüber, ob er nun nicht nur von der Welt, sondern auch von »Gott« verlassen ist. Insofern ist der Judaskuß eben doch ein Zeichen der »Auslieferung«. Aber nicht nur der Auslieferung an Jesu irdische Feinde, sondern auch der Auslieferung an jenen fremden »Willen«, von dem es im Vaterunser heißt, er möge geschehen!

Wir müssen daraus für uns und unser Leben folgern: Jede »Auslieferung«, jeder »Verrat« macht den Betroffenen unendlich einsam und verlassen: von der Welt und sogar von Gott. Darum auch schmerzt Verrat so sehr, weil wir immer wieder einmal erleben müssen, daß nicht »mein Wille«, sondern der fremde »Wille« geschieht. Und daß mein Wille durchkreuzt wird. Es ist, als ob ein fremder Wille unseren zur Liebe und zum Vertrauen neigenden Willen durchkreuzt, wenn wir verraten werden, aber auch wenn wir verraten – im mitmenschlichen Bereich ebenso wie im religiösen. Das ist die religiöse Wahrheit dieser Erfahrung.

Jesus also erkennt im »Zeichen« jene Tod ankündigende, auch erschreckende Macht. Und er sieht in Judas' Verrat zugleich die »Treue« gegenüber dem Auftraggeber. Kann ein Verrat am menschlichen Bruder Treue zu Gott sein? Menschlich gesehen nicht. Es wäre furchtbar! Von Jesus aus gesehen aber vielleicht doch. Wer diese Wahrheit nicht sucht – und niemand tut das freiwillig –, der muß sich zutrauen, sie zu ertragen. Alle Wahrheitsprobleme münden nämlich zuletzt in die Frage nach dem Ertragen des Unerträglichen[16]. Wie kann ein Mensch dazu kommen, noch im Verrat »Treue« zu sehen? Das bleibt die geheimnisvolle Frage, die Jesu Verhalten an uns, die Verräter und verratenen Nachfolger, stellt. Unser Umgang mit Verrat vermag das jedenfalls bisher nicht: Treue zu sehen, wo Verrat herrscht! Wir landen eher in Sackgassen, wenn wir andere oder uns selbst verraten oder wenn wir durch andere verraten werden.

Die Sackgasse der Verratenen

Rache ist süß

Volksmund

Im Verrat Treue zu sehen erscheint unmöglich. Wir sind nicht Jesus. Es bedarf vielleicht sehr geläuterter, man kann auch sagen »heiliger« Personen, um im Verrat ein Element von Treue zu entdecken. Geläufiger und natürlicher ist uns, daß wir uns rächen wollen oder daß wir alle vorangegangene Liebe verleugnen, wenn wir verraten worden sind. Wir neigen dann auch manchmal zum Zynismus, weil wir verzweifelt sind und eine Form suchen, den Verlust unserer ehemaligen Ideale zu ertragen. Unsere Enttäuschung über den Verräter schmerzt denn doch zu arg. Zuweilen verraten wir uns gar selbst oder geben uns selbst auf. Dann sind wir wirklich am Ende, wie ja auch Judas am Ende gewesen ist. Daß Rache, Verleugnung, Zynismus und Selbstaufgabe mögliche Reaktionen auf Verrat sind, werden wir sehen. Gleichwohl wirken sie – von der Judasgeschichte aus gesehen – als Sackgassen. Wir wenden uns jedoch diesen einzelnen Umwegen zu, die keine Auswege sind aus dem Verrat, die uns aber alle sehr geläufig vorkommen werden.

Wer nämlich schon einmal verraten worden ist, der möchte sich sofort rächen. Der Schmerz des erlittenen Verrates ist so heiß, daß ich mein Mütchen gleich kühlen möchte. Schmerz gegen Schmerz und Auge um Auge, das ist die einfache Wahrheit der *Rache*, die als Akt gefühlsmäßiger Wahrheit ihr verständliches Recht hat. Energetisch jedoch und auch politisch führt Rache zu nichts. Wenn ich mich für einen »Verrat« räche, dann baue ich lediglich die Spannung ab, die der mir zugefügte Verrat erzeugt hat. Politisch und sozial finden wir die Rache in unserer eigenen Geschichte, wo mit der Emotion »Rache« Politik gemacht wurde; etwa nach dem Ersten Weltkrieg: Rache für Versailles. Dies politisch wirksame Programm, von Hitler und Goebbels geschickt eingesetzt, konnte an sehr archaische Seelenregionen in den Menschen anknüpfen. Ich meine die Blutrache. Das ist eine Institution, die praktisch über die gesamte Erde verbreitet ist. Sie tritt zum Beispiel bei den Germanen als heilige Pflicht eines Clans, einer Familie oder einer Gruppe auf. Ist ein Mitglied ermordet, so muß der Mord durch das betroffene Clanmitglied gerächt werden. Und das geht dann immer so weiter. Aber nicht nur diese Blutrache, von der wir uns weit entfernt wähnen, auch alle Formen der Bestrafung – von den ganz einfachen bis zu den modernen – sind Ausdruck von Rache. Und das dient ja auch zuweilen, ganz vernünftig, der Stabilität der Gesellschaft.

Unsere Sprache verrät jedoch, daß Rache eine ganz tiefe und intensive Leidenschaft sein muß. Sie spricht von »Rachedurst«. Wir würden diesen Rachedurst beim Judasthema nicht erwähnen, wenn nicht der christliche Rachedurst fast 2000 Jahre lang gewirkt hätte – als Reaktion auf die Kreuzigung Jesu, die angeblich durch die Juden erfolgte. Der Ruf »Christusmörder« für die Juden galt als Hauptkennzeichen des Antisemitismus. Man wollte sich rächen. Ich meine dies nicht nur moralisch, denn moralisch allein läßt sich Rachedurst gar nicht verstehen.

Weiter führt die Vermutung: Wenn ich mich räche, dann begehe ich eine Art magischen Aktes. Wenn nämlich derjene geschädigt, eingesperrt oder gar vernichtet wird, der eine Untat oder Verletzung begangen hat, so mache ich seine Tat auf magische Weise ungeschehen[1]. Es ist sozusagen eine Art magischer Wiedergutmachung. Und das Gefühl, etwas wiedergutmachen zu müssen, stammt wahrscheinlich daher, daß Menschen eben doch ein elementares Gerechtigkeitsgefühl besitzen. Und das sieht so aus: Wir sind alle Menschen und darum in gewisser Weise gleich. Diese Gleichheit jedoch ist durch Verrat und andere schlimme Taten empfindlich gestört. Die Rache stellt dann das Gleichgewicht wieder her.

Was es heißt, auf Rache zu verzichten, muß im letzten Kapitel untersucht werden. Auf jeden Fall wird Rache verständlich. Denn Verrat, Grausamkeiten, Folterungen verletzen die Minimalforderungen unseres Gewissens so sehr, daß eben dieses Gewissen zur Rache mobilisiert wird, wenn wir von solchen Taten hören.

Gleichwohl hat Rache einen empfindlichen Nachteil: Sie verhindert, daß ich meines eigenen Rache*durstes* und meiner eigenen Destruktivität ansichtig werde. Rache sagt: Die anderen haben die Verletzung begangen. Ich nicht. Ich bin das Opfer. Ich vermag meine Mitwirkung nicht mehr zu sehen. Und deshalb ist Rache meistens blind.

Eine weitere Sackgasse, die ebenfalls mit der Härte der zugefügten Verletzung zu tun hat, ist die *Verleugnung*.

Wenn ich mich gegen den mir zugefügten Verrat und dessen Leid nicht wehren kann, dann leugne ich, daß mir jemals Schaden zugefügt wurde. Ich stelle den Wert des Verräters in Abrede und behaupte, er habe eben einen schlechten Charakter, sei grausam oder sadistisch. Wo immer in dieser Weise über Verrat geklagt wird, da muß vorher ein sehr großes, man kann sagen: kindliches Vertrauen geherrscht haben, eine Arglosigkeit, die paradiesisch und wahnsinnig verletzbar zugleich ist. Deshalb, weil ich so arglos vertraut habe, muß ich nach dem Verrat die gesamte Vergangenheit, die ja nicht nur aus Verrat bestanden hat, leugnen und schlechtmachen. Das ist eine moderne Klage, zum Beispiel bei geschiedenen Paaren, die behaupten, ihre gesamte Ehezeit sei immer eine Hölle gewesen. Es habe keinen guten Momente gegeben. Sie hätten nur gelitten und Opfer gebracht. Wer so redet, hat die Verratsverletzung intensiv erfahren, so intensiv, daß es ihm oder ihr nicht mehr möglich ist, die gelebte Vergangenheit anders anzuschauen als unter einem großen Verhängniszusammenhang. Alles war schlecht und notvoll.

Und das gilt nun noch mehr und weiter für die dritte Sackgasse des Verrats: den *Zynismus*. Es ist eine Haltung, die Verratserfahrungen bereits hinter sich hat und dabei ist, sich gegen weitere Verletzungen dieser Art zu immunisieren[2]. Als Zyniker sage ich: Liebe und Treue sind überhaupt eine Täuschung. Wer sich ihnen verschreibt, der ist dumm oder zumindest naiv. Zynismus ist immer Verrat an den eigenen Idealen, zuweilen begründeter Verrat, denn unsere Ideale werden ja meistens hart und rücksichtslos enttäuscht. Und solche Aufhebung von Täuschung tut weh. Man gibt sich ab jetzt realistisch, nicht täuschbar und schnodderig wie ein Berliner. Aber es bleiben Narben. Man schaut sich nach verlorenen Naivitäten um und weiß zugleich, daß es kein Zurück mehr gibt, weil man zu viel weiß und erfahren hat. Es ist das Lebensgefühl der »heiteren Melancholie«, wie es im Mittelalter heißt, der accedia oder Mußelosigkeit. Sie läßt nicht zu, daß man bei sich selber bleibt. Sie verhindert, daß man es mit sich selber aushält. Hektisch, ratlos, unternehmerisch und entmutigt, ist der Zynismus sozusagen im »Zwischendrin« gefangen, der eigenen Geschichte entfremdet und ohne Freude auf das, was kommen mag. Denn das Morgen nimmt den Doppelcharakter an von Belanglosigkeit und wahrscheinlicher Katastrophe. Es gibt nur eine melancholische Hoffnung auf ein irgendwie Durchkommen ohne viel Verletzung. Und das Gestern wird zum Trödelmarkt nostalgischer Beliebigkeiten.

Präzis beschreibt Peter Sloterdijk das zynische Lebensgefühl unserer Tage: »Die einen versuchen seit längerem, ihre Psychoanalyse abzuschließen, und die anderen fragen seit langem, ob sie es noch länger vor sich selbst verantworten können, keine zu beginnen; aber man muß auch daran denken, was das kostet und was die Kasse zahlt, und ob man hinterher noch so kann, wie man in der Misere glaubt, können zu sollen, während man zuvor sich nicht sicher ist, ob man weiter will wie bisher. Ach ja, es hat sich außerdem herausgestellt, daß gut kochen kein Verrat ist und daß diese blöde Geschichte mit Konsum und Autofahren eigentlich gar nicht so...«[3]

Dieses Lebensgefühl des Zynismus wird jedoch noch von einer neueren, reaktiven Haltung überboten, die gar nicht so aussieht, als sei sie ein Schutz vor der Verratsverletzung. Aber bei Licht besehen ist sie es dann doch. Sie tritt häufig bei Paaren auf, die zum zweiten Mal verheiratet sind oder sich entschlossen haben, eine »Beziehung« zu leben. Ich meine das, was man eine »ideale Beziehung« nennt, jenes: »Du darfst mich nicht enttäuschen«, jene Verabredung, nicht streiten zu wollen und also auch nicht aneinander zu leiden. Es ist jenes Bild einer geglückten Partnerschaft, das anderen immer den Eindruck vermittelt: Wir sind harmonisch einer Meinung. Streit, Aggression, Kritik und Verrat sind als unpassend aus der Paarbeziehung verbannt[4]. Dieser Hang zur Harmonisierung und die Tendenz, daß sich alles verfestigt, hängen zusammen. Es ist das Verlangen, jegliches Lebensrisiko – und der Verrat ist das extremste – von vornherein auszuschließen. Es ist ein Abkommen der Macht und nicht der Liebe, ein Abkommen oder besser: eine geradezu flehentliche Beschwörung, es nicht zum Verrat kommen zu lassen.

Häufig ist dieser verständliche Wunsch jedoch mit einer letzten und der schlimmsten Sackgasse des Verrates verbunden: der *Selbstaufgabe oder sogar dem Selbstmord.* Bei Judas begegnet uns diese Form der Sackgasse, freilich nun nicht als Reaktion eines Verratenen, sondern eines Verräters. Aber – wie wir sahen – Judas selber fühlte sich ja auch als Verratener.

Wie ist Selbstmord zu verstehen? Worin könnte uns die Judaslegende helfen, den Selbstmord oder die Selbsttötung ein wenig gnädiger anzuschauen? Verstehen werden wir ihn wohl bei keinem Menschen. Helfen kann vielleicht dabei eine künstlerische Darstellung.

Das bekannte Abendmahlsfresco von Leonardo da Vinci aus dem Ende des 15. Jahrhunderts zeigt in immer wieder nachgeahmter Anordnung die zwölf Jünger an einem langen Tisch. Die Situation: Jesus hat soeben angekündigt, einer aus dem Kreis werde ihn verraten. Folglich suchen die Augen sofort nach Judas auf dem Bild. Leonardo hat auf diesem Fresco nicht einfach zwölf beliebige Männer als Verkörperungen der Apostel dargestellt, sondern er war durch die Astrologie beeinflußt. Und deswegen gebrauchte er die Sternzeichen, um mit den Aposteln die Urtypen der Erscheinung »Mensch« darzustellen, einen Querschnitt durch die Menschheit, so wie er, Leonardo, sie gesehen hat. Judas gehört dabei in die dritte Gruppe (es sind vier Gruppen von je drei Jüngern), zusammen mit Johannes und Petrus. Diese dritte Gruppe, die des Adlers als des Evangelistenzeichens des Johannes, beginnt mit Johannes. Sein Tierkreiszeichen ist die Waage, die Harmonie, der Mann mit dem horchenden Ohr. Auf dem Leonardobild horcht Johannes, an der Brust des Herren ruhend, auf Petrus. Zwischen den beiden jedoch steht – leicht abgewendet – Judas. Sein Zeichen ist der Skorpion. Dies Zeichen bedeutet traditionell ebenso große Weisheit wie große Gefährdung. Alfons Rosenberg findet auf dem Bild sogar den Selbstmord des Judas »kosmisch vorgebildet«. »Wenn der Skorpion sich verloren glaubt«, so führt Rosenberg aus, »so tötet er sich der Legende nach mit dem Giftstachel.«[5] Judas tötet sich selbst wie ein Skorpion, der sich verloren glaubt.

Diese Geschichte, wie Judas sich selbst getötet hat, nahm großen Einfluß auf die Bewertung von Selbstmord in unserer Kultur. Man hat Selbsttötung lange Zeit nur als eine ebenso schändliche wie sündige Tat verstanden, von der man sich nur mit Grausen abwenden konnte, eben als Mord.

Es lohnt sich jedoch trotz dieser Tendenz zur Abwehr gleichwohl, die Geschichte des Judas noch einmal genauer anzusehen. Unser Interesse ist dabei nicht – wie bei den anderen Bildern von Judas auch – eine historische Rekonstruktion. Legenden wollen nicht sagen, wie es einmal war, aber siewollen zeigen, was wahr ist[6]. Und deswegen dient der erneute Blick auf Judas' Ende eher einer Art Selbstversicherung mit Hilfe eines neu figurierten Ensembles der beteiligten Figuren. Es geht also um eine indirekte Anverwandlung an Judas in seiner Verzweiflung. Denn, um mit James Hillman zu reden, »auf dem Weg zur Erkenntnis unser selbst und der menschlichen Realität ist das Fragen nach dem Selbstmord der erste Schritt«[7]. Erinnern wir uns an die drei möglichen Formen, wie eine Geschichte ausgehen kann, so haben wir es bei Judas mit einem dem Wahnsinn gleichkommenden Selbstmord zu tun. Wo der Weg versperrt ist zu

Hochzeit oder Versöhnung, wo auch Protest und Mord nicht mehr möglich sind, absolut und ohne Kompromisse, da bleibt, so sagt es die Geschichte, nur der Selbstmord. »Wenn jemand nicht da sein kann, wo er ist, und auch nirgendwo anders sein kann«, schreibt der Literaturwissenschaftler Peter von Matt, »dann ist er gleichzeitig da und nicht da.«[8] Dann ist er an jenem Nichtort, der in ältestes Denken, Reden und Erfahren gehört, ein Ort, über den man nicht mehr sprechen kann. Wir wollen es gleichwohl versuchen, obwohl Judas sich für die Welt als unerträglich erkannt hat.

Immerhin notieren die Evangelisten noch, daß ihn seine Tat »gereute«[9]. Man hat das häufig überlesen oder mit den Achseln gezuckt und sich gedacht, das nütze nun auch nichts mehr, diese Reue komme zu spät. Aber vielleicht muß man demgegenüber daran erinnern: Reue ist ja nicht nur eine Art moralischer Kater, der gewissermaßen immer zu spät kommt. Reue ist mehr. Sie ist, glaubt man dem Philosophen Max Scheler, der einen wundervollen Text über Reue und Wiedergeburt geschrieben hat, »eine Form der *Selbstheilung* der Seele, ja der einzige Weg zur Wiedergewinnung ihrer verlorenen Kräfte«[10]. Judas suchte mit seiner Reue eben seine verlorenen seelischen Kräfte wiederzufinden. In dem Hinweis auf seine Reue steckt bereits ein möglicher Weg – nicht den Verrat aus der Welt zu schaffen, sondern ihn anzuschauen und etwas Verlorenes wiederzufinden. Denn die gewußte und angeschaute Geschichte entlastet mich von der Macht der gelebten Geschichte. Und so ist Reue eine Art wahres Eindringen in die Vergangenheitssphäre unseres Lebens, eine Art operativer Eingriff, eine Haltung, wie sie ja auch in der Psychonanalye – freilich anders benannt – gemeinhin eingenommen wird. Der Schulddruck mildert sich durch die Reue, wenngleich er – wie man wiederum an Judas sieht – nicht aufgehoben ist. Judas ist kein Verstockter. Er scheut nicht die Preisgabe vor sich selbst. Allerdings, was er sah, war furchtbar. Äußerlich sah er, daß der geliebte und vielleicht idealisierte Freund verhaftet worden war, innerlich sah er, daß er mit seinem Wollen gescheitert und zum indirekten Mörder geworden war. Er fühlte sich »verdammt«. Er hatte die drohende Hinrichtung Jesu nicht gewollt: »Wir denken uns Judas als einen tief empfindenden, aber gerade darum sehr abhängigen Menschen, der das Äußerste versucht, um ...einen Standpunkt zu finden, mit dem er Jesus *und* der Synagoge gleichzeitig folgen kann«, meint Eugen Drewermann[11] in schöner Einfühlung. Nun jedoch muß Judas erleben, wie mit Jesus kurzer Prozeß gemacht wird, wie auch die Reue nichts mehr nützt. Von der Synagoge wird er ebenfalls abgelehnt, schuldig nach beiden Seiten und zugleich im Widerspruch zu beiden Seiten, ein Spielball von unverbindbaren Gegensätzen.

Wäre es für einen Menschen, der sich so erfährt, nicht besser, er wäre niemals geboren? So jedenfalls lassen die Evangelien Jesus sprechen[12]. Und dies Wort hat manchen schokkiert. Aber es ist eine der seltenen Stellen in den Evangelien, wo etwas auftaucht, was selbst Jesus unheimlich ist, was er nicht versteht und was darum nur »tragisch« genannt werden kann.

Aber was ist das – tragisch? Man hat sich angewöhnt, das als tragisch zu verstehen, wogegen man nichts machen kann und wo aller Aktionismus zu Ende ist. Tatsächlich aber rührt dieser Moment an den gefährlichsten und unverständlichsten Punkt aller Religion: Da begegnet etwas, was uns schaudern macht und was wir nicht sehen wollen. Gleichwohl schauen wir noch einmal hin. Denn aus der Selbstmordtherapie weiß man, daß jeder Selbstmord einen von jedem anderen verschiedenen, individuellen Sinn hat. Man kann ihn kaum von außen verstehen. Verstehen, wenn es überhaupt möglich ist, vollzieht sich durch inneres Mitgehen. James Hillman[13] hat den wichtigen Hinweis gegeben, daß Selbstmord zunächst ein seelischer Vorgang ist, ein kaum zu erkennender verzweifelter Impuls zur Wandlung. Wenn wir diese verzweifelte Tat zu verstehen suchen, dann darf man niemals, so Hillman, mit der Einstellung daran gehen, daß dieser Vorgang vermieden werden muß, so merkwürdig das klingen mag. Nicht Verhütung innerer Erfahrung sei dem tragischen Erleben angemessen, sondern seine Bestätigung. Bestätigung allerdings nicht auf der physischen Ebene. Das ist nur destruktiv. Bestätigung vielmehr auf der seelischen Ebene. In der Seele sozusagen müssen die Selbstmorde zugelassen sein dürfen, weil sie sich eben auch dort vorbereiten. So besteht die ganze therapeutische Kunst darin, den Konflikt auf eine andere Ebene, von der körperlichen auf die seelische, zu verlagern. Dazu muß man allerdings absolutes Vertrauen in die Regungen der Seele haben. Wir werden im letzten Kapitel sehen, daß Jesus dies Vertrauen risikoreich durchzuhalten versucht und nicht wie jene reagiert, die in Jurisprudenz, Theologie oder Therapie ständig »Schlimmeres verhüten« wollen.

»Der Todesimpuls des Judas braucht nämlich nicht gegen das Leben gerichtet zu sein. Anders gesagt: Judas hat Jesus geliebt. Er wollte ihm einen Impuls geben. Erst als der so völlig fehlschlug, sah Judas keinen anderen Ausweg mehr als Selbstmord, um seinem Verlangen Ausdruck zu geben, endlich einmal der absoluten Realität zu begegnen. Diese absolute Realität, man kann auch sagen Gott, hatte Judas in der Begegnung mit Jesus verpaßt, vertan, verwirkt. Diese absolute Realität meinte er sich nun auf andere, verzweifelte Weise erzwingen zu müssen. Er sah keine andere Wahl: Das Leben, so wie es jetzt ist, wird Judas sich gesagt haben, muß ganz anders werden. Etwas muß aufhören. Der gesamte Ablauf muß zu einem vollständigen Ende gebracht werden. Da ich aber nichts mehr tun kann, um das Leben hier zu ändern, nachdem ich alles und jedes versucht habe, bleibt mir nichts anderes, als diesem Leben ein Ende zu setzen, hier in meinem Körper, als jenem Teil der Welt, über den ich noch verfüge. Ich setze mir selber ein Ende.

Diese Bewegung auf ein vollständiges Ende hin, wo alle Mühen, alle Scham, aller Verrat und alles Verratenwerden aufhören, ist der hilflose und brutale Versuch, eine andere Ebene der Realität zu erreichen, eine religiöse könnte man fast sagen, wenn es nicht zu gewaltsam klänge. Denn: Sich selbst ein Ende setzen, heißt an sein eigenes Ende kommen, heißt die Grenze finden, was man ist, um eben genau das zu ereichen, was man – noch – nicht ist. Der Tod von eigener Hand soll diese neue Ebene erbringen, soll das Leben – aussichtslos wie es scheint – mit einem Schlag wieder öffnen in einen Zustand jenseits dessen, was hier so wahnsinnig bedrückend erscheint.

Wir dürfen diesen Todesimpuls des Judas gut und gern als Sehnsucht nach der innersten Wahrheit seines Lebens, nach Gott, bezeichnen. Judas möchte – verzweifelt, wie er ist –, daß Gott, der verborgene, abwesende, sich ihm endlich offenbare. Deswegen taucht Judas ein in eine ganz und gar dunkle Seite, die wir auch als eine Seite Gottes zu ahnen begonnen haben.

Freilich: Mit diesem physischen Ende nimmt Judas und nimmt jeder Selbstmörder sich die Chance, eine Wandlung seines aussichtslosen Lebens noch hier zu erfahren. Mit jedem Selbstmord geht deswegen auch meistens eine merkwürdige Blickverengung einher. Es ist, als ob der Betroffene nicht mehr, als nur das Allernächste und Unerträglichste wahrnehmen könne. Und darum »geht er hin«, statt zu bleiben. Von seiner Seite aus ist nichts mehr zu tun. Das sieht er nun einmal so. Er ist in einer totalen Sackgasse angelangt, aus der er nur durch eine Art gewaltsamen Ausgang meint herauszukommen.

Dabei war es gar nicht einmal die übermäßige Schuld, die Judas zur Tat getrieben hat[14]. Nicht die Moralinstanz, das zu starke Über-Ich ist der eigentliche Auslöser, warum er nicht mehr weiter weiß. Wahrscheinlich liegt der Auslöser tiefer, nämlich darin, daß Judas sich unendlich schämt, daß dies seine unglücklichste Lebensstunde ist, weil er sich seine Auslieferungstat mit ihren Folgen anzusehen wagt. Und dabei trifft ihn die Scham. Er ist sozusagen herausgefallen aus seiner Kultur: bei den Jüngern und Jesus ebenso wie bei den staatlichen und religiösen Autoritäten. Schuld beruht darauf, daß man sich gegen bestimmte Gesetze vergangen hat, Scham jedoch katapultiert den Betroffenen ganz und gar aus seiner menschlichen Umgebung heraus. Er könnte, wie der Volksmund sagt, »in den Boden versinken«. Seine Persönlichkeit ist vernichtet und ausgelöscht.

Man kennt das aus Schamkulturen wie zum Beispiel aus dem traditionellen Japan. Für Scham gibt es keine Beichte wie bei der Schuld, die einen wieder zurückholt in die menschliche Gesellschaft. Schuld ist eine Reaktion auf eine Handlung, Scham hingegen ist eine Reaktion auf eine Daseinsweise[15]. Und Judas hat gemeint, er habe keine Daseinsberechtigung mehr. Er schämte sich sogar seiner Scham. Wenn ich mich schäme, dann glaube ich, daß ich mein Recht verwirkt habe, unter den Menschen zu leben. Vielleicht genügt es darum nicht, eine Tat anzuerkennen und zu bereuen und sich dazu zu bekennen und vor Scham rot zu werden. Scham kann man nicht allein bestehen. Ich brauche sozusagen die ausgestreckte Hand dessen, vor dem ich mich schäme. Meine Scham macht mich bedürftig, aber eben auch einsam. Das ist der schamhafte Konflikt. Ich schäme mich und mag oder kann mich niemandem mehr zuwenden und doch: Das wäre der Beginn meiner Rettung. Von Judas her schildert die Legende nur das Scheitern, von Jesus her jedoch den Versuch, die Scham anzuerkennen und den Verräter eben nicht verloren zu geben, wie das nächste Kapitel zeigen möchte.

Das Gebet Jesu für seine Verräter

…und welch ein freundlicher
Anblick wird es sein, wenn sie
dereinst wieder zusammen erwachen.

Johann Wolfgang von Goethe

Gibt es Wege aus den beschriebenen Sackgassen? Anders gefragt: Können wir Möglichkeiten finden, wie mit dem Verrat trotzdem zu leben ist, oder ist die Auslieferung immer so tödlich zu verstehen, wie sie uns die christliche Tradition anzuzeigen scheint? Judas stirbt durch Selbstmord, und Jesus wird ermordet. Da gibt es keine Versöhnung. Und da konnte es im Laufe der Geschichte und in unserer Seele nur Abspaltung geben. Aber vielleicht müssen wir uns in diesem Kapitel mehr auf den Verratenen konzentrieren. Er ist bisher zu kurz gekommen. Jesus ist fast ein Prototyp eines Verratenen. Denn er wird ja häufiger und nicht nur von Judas verraten: Petrus verleugnet ihn ebenso wie seine Jünger ihn in der Stunde des Todes verlassen, Leute seiner engsten Umgebung. Und selbst sein himmlischer Vater ist durchaus nicht weit von »Verrat« und »Auslieferung« entfernt. Er läßt Jesus im Stich, wie der Verlassenheitsruf am Kreuz dokumentiert. Ist Gott ebenfalls ein Verräter? Gibt es keinen Ausweg aus der Tragik des Verrates mit seinen Morden und Selbstmorden?

Wir werden uns die Geschichte Jesu mit dieser Frage noch

einmal neu ansehen. Wir werden uns seine letzten Worte »Vater, vergib ihnen, denn sie wissen nicht, was sie tun«[1] ebenso anhören wie den erschütternden Satz »Mein Gott, mein Gott, warum hast du mich verlassen?«[2]

Hinter diesem letzten Ausruf steht ja bereits eine lange Kette von Erfahrungen mit Verrat und Einsamkeit. Die jüdische Tradition mit ihrem 22. Psalm nennt denn auch Elemente, die uns einige Hinweise geben, was Verrat bedeutet und wie dort mit ihm »umgegangen« wird. Ehe wir jedoch diese beiden Worte näher anschauen, möchte ich auf eine literarische Parallele unserer Tage hinweisen, die für die Verratsfrage geradezu verblüffend ist. Ich meine Ingeborg Bachmanns Erzählung, oder sollte ich sagen ihre Klage, mit dem Titel »Undine geht«[3].

Für mich ist die »Undine« von Ingeborg Bachmann an vielen Stellen eine Art moderner Parallele zu Jesus, freilich unter einem heutigen Blickwinkel.

Diese Erzählung, aus der Sicht von Undine geschrieben, beginnt mit einer großen Anklage: »Ihr Menschen! Ihr Ungeheuer. Ihr Ungeheuer mit Namen Hans... Ja, diese Logik habe ich gelernt, daß einer Hans heißen muß, daß ihr alle so heißt, einer wie der andere, aber doch nur einer.«[4] Sie hätte auch sagen können: Alle heißen Judas. Undine nämlich ist gleich zweimal verraten worden. Nicht nur von den Männern, sondern auch von den Frauen. Sie ist in die Menschenwelt gekommen wie Jesus, zu den Männern und zu den Frauen. Sie ruft oder beruft ebenso wie Jesus. Und Hans, der Mann, hört diesen Ruf. Nein, das ist nicht ganz richtig. Hans selber hat – unruhig wie er ist – nach Undine gerufen. So behauptet sie jedenfalls: »Doch vergeßt nicht, daß ihr mich gerufen habt in die Welt, daß euch geträumt hat von mir, der anderen, dem anderen...«[5] Es ist die Sehnsucht nach dem Verrat an der eingefahrenen Ordnung, die ruft und rufen läßt. Undine erscheint, Hans verrät die Menschenfrau. Er verrät seine Ordnung, wie die Jünger bei ihrer Berufung ja auch ihre bisherige Ordnung »verraten« haben. Hans folgt der Undine, wie die Jünger Jesus folgten. Er liebt sie, um sie dann doch wieder zu verlassen. Er kehrt zurück in sein bürgerliches Leben. Und auch Undine geht.

Das ist eine moderne Judasgeschichte, ein doppelter Verrat, einmal beim Verlassen der Ordnung, um der Berufung zu folgen, dann aber auch verläßt Hans Undine. Er verrät sie an die Ordnung, obwohl er von dem falschen Dasein immer gewußt hat. Es ist der Verrat an der nicht durchgehaltenen Lebensalternative, der hier zum Ausdruck kommt. Hans kehrt zurück in die Rollen und Zwänge des Familienlebens, in die Wonnen der Gewöhnlichkeit. Dafür war bei Undine kein Platz. Also hat er sie verlassen. Sie ist die Verratene. Den Männern mit Namen Hans – immerhin – wird zugestanden, daß sie gespürt haben, wie verkehrt ihr Leben gewesen ist. Sonst hätten sie ja den Lockruf der Undine gar nicht gehört, so wie die Jünger Jesu Berufung nicht gehört und angenommen hätten.

»Ihr Ungeheuer«, läßt Ingeborg Bachmann Undine sagen, »dafür habe ich euch geliebt, daß ihr wußtet, was der Ruf bedeutet, daß ihr euch rufen ließt, *daß ihr nie einverstanden wart mit euch selber.«*[6] Die Begegnung mit Undine ebenso wie die Begegnung mit Jesus läßt die Berufenen spüren, daß ihr bisheriges Leben nicht richtig, ja sogar verkehrt gewesen ist. Darum sehnen sie sogar herbei, was Ingeborg

Bachmann den »großen Verrat«[7] nennt, jenes erste Weggehen, das im Neuen Testament »Berufung« heißt.

Jesu Anziehungskraft auf die Jünger muß damals ähnlich gewesen sein wie die Verlockung der Undine für die Männer heute. Judas ist Hans, und Hans ist Judas. Und zu ihnen sagt Jesus-Undine: »Aber ich habe euch mit einem Blick gelehrt, wenn alles vollkommen, hell und rasend war – ich habe euch gesagt: Es ist der Tod darin. Und: Es ist die Zeit daran. Und zugleich: Geh Tod! Und: Steh still, Zeit! Das habe ich euch gesagt. Und du hast geredet, mein Geliebter, mit einer verlangsamten Stimme, vollkommen wahr und gerettet, von allem dazwischen frei, hast deinen traurigen Geist hervorgekehrt, den traurigen, großen, der wie der Geist aller Männer ist und von der Art, die zu keinem Gebrauch bestimmt ist. Weil ich zu keinem Gebrauch bestimmt bin und ihr euch nicht zu einem Gebrauch bestimmt wußtet, war alles gut zwischen uns. Wir liebten einander. Wir waren vom gleichen Geist.«[8]

So spricht Undine zu Hans. So hätte Jesus – in unserer Sprache – zu Judas sprechen können. Für Judas setzt Liebe Verrat voraus, einen Verrat an seiner Herkunft, die ja, wie die Legende gezeigt hat, dazu angelegt war, sie zu verraten. Die Liebe zu Jesus war der Wechsel, der große Versuch, von der Horizontale in die »Vertikale« zu gelangen, heraus aus dem zeitlich verhafteten Unglückszusammenhang eines bis dahin eher erbärmlichen Lebens. Die Berufung war und ist heute noch bei uns die Verlockung zu neuem Anfang. Der Eintritt in die Undine-/Jesusliebe geschieht in dem Umfeld, das seit alters sprachlich mit »Umkehr« beschrieben wird[9]. Auch die Evangelien konzentrieren sich in ihren Berichten und Beschwörungen auf eben diesen Punkt, auf die »Umkehr«. Solche Umkehr braucht dann gar nicht immer nur auf einen Zeitpunkt beschränkt zu sein. Sie kann sogar ein ganzes Leben dauern. Judas jedoch dauerte die »Umkehr« zu lange. Seiner Umkehr ist die Luft ausgegangen wie bei Hans, der ja auch wieder zurückkehrt in das gewöhnliche Leben. Hans und Judas ähneln sich aufs Haar.

In ihrem Gegenüber, Undine und Jesus, kommt etwas ganz anderes zum Vorschein. Und deswegen gibt uns Undines und Jesu Verhalten noch eine weitere Sicht des Umgangs mit Verrat. In Undine und Jesus kommt nämlich gewissermaßen die Vision eines Daseins mit angenommenem Verrat ins Blickfeld.

Jesus wird immer nur verraten, er selber jedoch sucht nach Möglichkeiten, diesen Verrat nicht einfach rächend, verleugnend, zynisch oder selbsmörderisch zurückzugeben. Auch Undine nicht. Sie klagt an. Sie hat also noch Adressaten für ihre Klage. Es sind die Männer, die Hans heißen, und die Frauen, die ihre Ehefrauen sind. Auch Jesus klagt an. Bei ihm ist es mit dem Adressaten jedoch schwieriger. Natürlich klagt er auch Judas an, wie Lukas herausgestrichen hat: »Judas, mit einem Kuß lieferst du den Menschensohn aus?«[10] Aber der eigentliche Adressat ist in der Passionsgeschichte – und Auslieferung bedeutet immer Passion – doch »Eloi« – »mein Gott«. Und vor diesem Adressaten bekommt Jesu Anklage – und darin unterscheidet er sich nun doch von der modernen Undine – eine Wandlung. Seine Anklage wird zur eindringlichen Klage, zum Schrei: »Mein Gott, mein Gott, warum hast du mich verlassen.«[11]

Die späteren Überlieferer haben gewußt, daß es sich bei

diesem Schrei um den Beginn des 22. Psalms handelt. Und sie haben die gesamte Passionsgeschichte nach eben diesem Psalm zu gestalten versucht. Deswegen lohnt es sich, diesen Text genau anzusehen, ob er für unsere Frage nach dem Umgang mit dem Verrat etwas hergibt.

»Mein Gott, mein Gott, warum hast du mich verlassen,
bist fern meinem Schreien, den Worten meiner Klage?
Mein Gott, ich rufe bei Tag, doch du gibst keine Antwort;
ich rufe bei Nacht und finde doch keine Ruhe.«

Diese beiden Strophen am Beginn drücken tiefste existentielle Verzweiflung aus. Da klagt einer und schreit. Da ruft einer bei Helligkeit und im Dunkel. Sein Schrei bleibt jedoch ohne Echo.

»Aber du bist heilig,
du thronst über dem Lobpreis Israels.
Dir haben unsere Väter vertraut,
sie haben vertraut, und du hast sie gerettet.
Zu dir riefen sie und wurden befreit,
dir vertrauten sie und wurden nicht zuschanden.«

Hier nimmt die Klage eine scheinbare Wendung. Sie richtet ihr Augenmerk auf die »Väter«. Und die Väter stehen hier für verläßliche Tradition. Ihnen ist damals geholfen worden, denn sie vertrauten. Vertrauen gegen Rettung. Das war eine klare Sache, sagt der Verzweifelte. Für ihn jedoch, der doch selber vertraute wie seine Väter, ist Rettung nicht in Sicht. Der Vater, der den Vätern half, bleibt stumm. Und das heißt doch zugleich: Die Tradition trägt nicht mehr. Damals wie heute: Die Tradition trägt nicht mehr. Es hat einen Bruch gegeben. Und das heißt: Das Vertrauen in die erinnerten Neuanfänge ist dahin, heute wieder einmal.

Die Religionen mit ihren Verheißungen von Wiedergeburt tragen uns nicht mehr von allein. Die Poesie mit ihrem Engagement für eine bessere Welt neben der wirklich schlechten bekommt nur noch ein müdes oder mitleidiges Lächeln. Die Therapeutiken mit ihren Versprechungen neuer Lebensanfänge haben nur noch die Aufgabe, »die bittere Pille eines unerträglich gewordenen Lebens in die süße Praline eines naiv-dauerlächelnden Lebens zu transformieren. Und die Philosophien, die den denkenden Seelen den Abschied von den Vorurteilen ermöglichen wollten, um sie aufgeklärt hell werden zu lassen, haben kapituliert vor den Folgen ihrer eigenen Kurzsichtigkeit.«[12] So etwa könnte man heute die Lage der Verzweifelten beschreiben, die sich nicht mehr von Traditionen und »Vätern« getragen fühlen. Und vielleicht finden sich die Söhne und Töchter von heute ganz gut in den Bildern beschrieben, mit denen der Psalm fortfährt:

»Ich aber bin ein Wurm und kein Mensch,
der Leute Spott, vom Volk verachtet.
Alle, die mich sehen, verlachen mich,
verziehen die Lippen, schütteln den Kopf:
›Er wälze die Last auf den Herrn,
der soll ihn befreien!
Der reiße ihn heraus,
wenn er an ihm Gefallen hat!‹ «

Wenn die soziale Umwelt, die Nachbarn und schließlich auch Freunde die Lippen verziehen, wenn Hohn und Spott zu Gehör kommen, so daß man sich schämt – vielleicht haben die Leute mit ihrer Kritik ja sogar recht? –, wenn endlich die eigene Identität ins Wanken gerät, dann ruft der Verzweifelte nach dem mütterlichen Grund aller Schöpfung, so wie ein Sterbender nach seiner Mutter ruft. Also wird der Tag der Geburt aus der Mutter beschworen:

»Du bist es, der mich aus dem Schoß meiner Mutter zog,
der mir Vertrauen einflößte an der Mutterbrust.
Von Geburt an bin ich geworfen auf dich,
vom Mutterleib an bist du mein Gott.
Sei mir nicht fern, denn die Not ist nahe,
und niemand ist da, der hilft.«

Diese Beschwörung der Mutter, so könnte man annehmen, sei die Rettung, weil sie tiefer reicht als die väterliche Welt. Und tatsächlich suchen viele Frauen in der westlichen Welt heute bei einem matriarchalen »Urgrund« nach Quellen, die ihnen Leben verheißen sollen. Helfen allerdings tut dem Verzweifelten in unserem Psalm der Rückgang zu den Müttern zuletzt auch nicht. »Niemand ist da, der hilft«, ist seine klagende Bilanz. Väter und Mütter, so notwendig und wichtig sie sind, Tradition und Geborgenheitserfahrungen, beide tragen nicht in so trostloser, verlassener und verratener Situation. Also fährt der Beter fort, seine derzeitige Lage in neuen Bildern aus sich herauszuklagen:

»Viele Stiere umgeben mich,
Büffel von Baschan umringen mich.
Sie sperren gegen mich ihren Rachen auf,
reißende brüllende Löwen.
Ich bin ausgeschüttet wie Wasser,

gelöst haben sich alle meine Glieder.
Mein Herz ist in meinem Leibe wie Wachs zerflossen.
Meine Kehle ist trocken wie eine Scherbe,
die Zunge klebt mir am Gaumen,
du legst mich in den Staub des Todes.
Viele Hunde umlagern mich,
eine Rotte von Bösen umkreist mich,
sie durchbohren mir Hände und Füße.
Man kann alle meine Knochen zählen;
sie gaffen und weiden sich an mir.
Sie verteilen unter sich meine Kleider
und werfen das Los um mein Gewand.«

Dieser Abschnitt fällt schon durch seine ungewöhnliche Länge auf. Es überwiegen Bilder wilder Tiere. Über sie gibt es keine Herrschaft mehr, eine – problematische – Kulturentwicklung ist aufgehoben. Der verzweifelte Mensch beherrscht die wilden Tiere nicht mehr. Sie bedrohen ihn. Seine inneren Triebe, seine Verzweiflung überschwemmen sein Ich. Er ist bestialischen Mächten ausgesetzt oder ausgeliefert. Von dort weiß er nur noch einmal, diesmal geradezu herzzerreißend, zu fliehen zum schweigenden »Du«:

»Du aber, Herr, halte dich nicht fern!
Du, meine Stärke, eile mir zu Hilfe!
Entreiße mein Leben dem Schwert,
mein einziges Gutes aus der Gewalt der Hunde!
Rette mich vor dem Rachen des Löwen,
von den Hörnern des Büffels,
du hast mich erhört.«

Dies ist nun ein überraschender Schluß der Klage. »Du hast

mich erhört!« Was ist da geschehen? Es gibt keine Vorbereitung, keine logische, keine psychologische, überhaupt keine. Statt dessen haben wir die gesamten Verse bis zu dieser Stelle als eine einzige Klage der Verzweiflung erlebt. Wie kann es dann zu dem Satz kommen: Du hast mich erhört?

Mit dieser Frage haben wir den Psalm in einer Bibliodramagruppe gespielt. Das heißt: Wir haben ihn nicht nur gelesen und in unserem Kopf »bedacht«, sondern wir sind sozusagen in seine Worte hineingegangen mit Gesten, Worten, Schreien, Bewegungen. Wir haben uns den Wirkungen dieser Worte buchstäblich »ausgesetzt«, fast ausgeliefert. Und dabei haben wir klagende Teilnehmer erlebt, die ihre Enttäuschung und ihren Zorn über ihr verfehltes Leben, über ihr Unglück und ihr Leid herausgeschrien haben. Sie wiesen alle Sinnangebote – väterliche Tröstungen wie mütterliche Umarmungen – zurück. Es hätte sie nur gestört bei der Konzentration auf ihre Klage. Sie haben von ihrer Klage Gott selbst nicht ausgenommen, wie es der Beter im 22. Psalm auch nicht getan hat. Und sie haben nachher – nach einer oder zwei Stunden – gesagt, sie fühlten sich besser als zuvor. Endlich hätten sie zu Gehör bringen können, was sie sonst nicht zu sagen, zu rufen und zu schreien gewagt hätten. Und sie haben sich bei den umsitzenden Mitgliedern der Gruppe bedankt.

Sollte das – angewendet auf unseren Psalm – bedeuten, daß wir »Verratenen« für unsere Klage ein Gehör brauchen, ein Ohr, das wir uns öffnen, ein »Du«, das zuhören *muß*? Und wenn es uns verläßt, dann werden wir es zwingen, uns zuzuhören? Ist so der Ruf Jesu zu verstehen: »Mein Gott, warum hast du mich verlassen?« Ich schaffe mir Gehör. Ich werde keine Antwort bekommen. Aber ich schaffe mir Gehör. Ich zwinge das »Du« zuzuhören: Dieses sich Gehör-Verschaffen könnte »Erhörung« sein, so paradox das klingt. Dann wäre auch zu verstehen, warum die Klage des 22. Psalms, den wir an dieser Stelle verlassen, plötzlich umschlägt und von Erhörung spricht, später gar von Dank.

Wir ziehen daraus die Konsequenz: Ein erster Schritt, mit dem Verrat umzugehen, besteht in der Klage vor dem »Du«. Die Klage spricht aus, was ist. Sie schafft sich Raum und Gehör. Und indem die Klage vor ein göttliches »Du« gebracht wird, verläßt sie die Möglichkeiten persönlicher Psychologie. Verrat kann nämlich gar nicht mit der Blickverengung auf die persönliche Ebene gesehen und ausgehalten werden. Es bedarf der Anrede oder Anklage vor einem Adressaten, der unbekannt bleibt und trotzdem angerufen werden muß. Selbst wenn wir verraten worden und ganz einsam sind, müssen wir uns ein »Du« gleichsam erzwingen, vor dem wir unsere Anklage oder unsere Klage vorbringen und herausschreien können. Unbesorgt darüber, ob das »Du« überhaupt hört oder gar erhört. Der Vorgang selber ist genug. Jesus selbst kann es ja nicht anders machen: Er wendet sich an einen, von dem er fürchten muß, daß der ihn im Stich gelassen hat. Er wendet sich sozusagen von Gott, dem Verräter, zu Gott, der vergeben muß: »Vater, laß ihnen nach! Sie wissen ja nicht, was sie tun.«[13]

Er wendet sich an den »Vater«, der ihn verlassen und eventuell verraten hat. Dennoch redet er »ihn« an. Vergebung kann nämlich nur von dort kommen!

Was heißt das, wenn man Vergebung vom »Vater« erwartet: Negativ bedeutet es, daß Vergeben und Verzeihen bei

Verrat so schwierig sind, daß man sie nicht selbst »wollen« oder gar »leisten« kann. Das ist der Irrtum kirchlicher Moralität, die ja immer wieder »Vergebung« »predigen« will. Vergeben und Verzeihen sind keine einfache Angelegenheiten, die man sich einmal so vornehmen oder die man predigen kann. Darum unterscheiden wir die beiden Worte. Verzeihung reservieren wir für den zwischenmenschlichen Bereich. Sie gehört zum geübten und zuweilen auch gewollten Verhalten von Menschen. Vergebung hingegen ist »göttlicher« Natur.

Verzeihen gilt also unter Menschen und kann unter Umständen »gewollt« werden. Vergeben – gehört in den göttlichen Bereich, das heißt, es ist der Verfügung meines bewußten »Ich« entzogen. Wenn nämlich meinem »Ich« schweres Unrecht zugefügt worden ist, dann kann es nicht einfach so tun, als wäre nichts gewesen. Selbst dort, wo man gern vergeben möchte, muß ganz einfach die Vitalität des »Ich« aufbegehren und sich gegen die Zumutung der Vergebung wehren. Man kann nicht mit dem »Ich« vergeben[14]. Darum übergibt Jesus die Vergebung dem »Vater«. Er kann nur warten, bis die Vergebung von selbst geschieht. Das hat er übrigens auch in seinem Gebet, dem Vaterunser, deutlich gemacht, wenn er den Vater um »Vergebung« für die menschliche Schuld bittet.

Dem Verrat können wir also mit der Geste des Gebets als eines unbesorgten Adressierens an einen unbekannten Adressaten begegnen. Wollte ich selbst meinem Verräter vergeben, dann wäre ich, aber auch mein Verräter, überfordert. Wie man ja überhaupt »Vergebung« nur dann nicht als abstrakten Begriff versteht, wenn man nicht selbst eine durchdringende Demütigung oder Verratsverletzung erlitten hat. Der Psychologe James Hillman meint sogar: »Es ist gut möglich, daß Verrat kein anderes positives Ergebnis haben kann als die Verzeihung (wir würden sagen die Vergebung, der Verf.) und daß man Verzeihung nur erleben kann, wenn man verraten worden ist.«[15]

Judas hat sich, so will es die abspaltende Tradition, diesem zuletzt genannten Erlebnis entzogen. Er ist sozusagen ausgestiegen aus dem Verhältnis von Verräter und Verratenem. Aber immerhin hat Judas sich dennoch – und das ist eine weitere Voraussetzung, wenn man mit Verrat umgehen will – seine eigene Tat schonungslos vor Augen gehalten. Der Verräter muß anerkennen, daß er ein Verräter ist. Er muß den Verrat mittragen, das heißt: Er muß ihn anerkennen. Er darf ihn nicht einfach vergessen, verharmlosen oder – wie in unserer politischen Geschichte oft geschehen – als Befehlsnotstand umdeuten. Er muß sozusagen »treu« zu seinen Sünden stehen. Und insofern ist vom Verräter Treue gefordert, eine nachträgliche jedenfalls. Es ist die Treue gegenüber der dunklen Seite seiner Seele, die ihn ergriffen hatte in seinem Verratstun, eine Treue auch gegenüber dem Übermächtigem, das ihn im Verrat ergriffen hat.

Judas' Reue ist ein starkes Zeichen dafür, daß er seinen Verrat erkannt und anerkannt hat. Er hat damit zugegeben, Jesus ausgeliefert zu haben, wenngleich sein Motiv nicht das war, was die Christen gerne in ihm gesehen hätten. Es war nicht Macht, persönlicher Vorteil oder Habgier, sondern es war Liebe, Vorsorge, Planung.

Judas also hat versucht, seine Schuld auf sich zu nehmen. Sie war ihm als Scham aber zu schwer, weil er ganz allein mit ihr gewesen ist. Ich kann unter der Last meiner eingesehenen Scham zerbrechen. Das ist das Risiko, wenn ich mich offen der eigenen Scham stelle. Sie kann mir – wie Judas – zu schwer erscheinen. Aber unsere Sünden sind dazu da, daß wir sie begehen und tragen, das heißt, daß wir anerkennen, Mensch zu sein. Unter Umständen kann dies wirklich tragisch sein.

Auf der Seite des Verratenen, also auf Jesu Seite, muß ebenfalls ein ungeheurer Verzicht passieren. Jesus muß nämlich auf jene Reaktionen verzichten, die wir als »Sackgassen« bezeichnet haben, vor allem auf die Rache. Aber woher nimmt er die Kraft und die Güte, auf »natürliche« Reaktionen zu verzichten? Er wendet sich an den, der ihn vielleicht auch verraten hat: an seinen Vater. Mit dieser Hinwendung will er seinen Vater sozusagen zwingen, zuletzt doch nicht als der Verräter dazustehen, sondern zu vergeben und zu verzeihen und sich als gütiger Gott zu erweisen.

Der Sohn, Jesus ebenso wie der von der Treppe springende, sein Urvertrauen verlierende Sohn, hat dem »Vater« also etwas zu sagen. Er wendet sich nicht ab wie ein enttäuschtes Kind, das sich ungeliebt und verraten fühlt. Er ist nicht mehr pubertär. Im Gegenteil: Er wendet sich dem Vater, der ihn enttäuscht und unter Umständen auch im Stich gelassen hat, noch einmal zu, demonstrativ. Welchen Vater müßte das nicht erweichen: Es ist rührend und zugleich furchtbar, diese Bemühung des Sohnes anzusehen oder selber zu erleben. Es bleibt ein tragisches Geheimnis aller Söhne, allen voran Jesu selbst, warum sie dies tun. Es ist andererseits aber auch ein unerschütterliches Zeichen ihrer nicht zu stillenden Sehnsucht. Bei dem Sohn Jesus kommt diese Sehnsucht dort zum Ausdruck, wo er auf die skeptischen Sadduzäer trifft, im 12. Kapitel des Markusevangeliums: Gott, sagt er, sei »nicht ein Gott von Toten, sondern von Lebenden«[16]. Das heißt übertragen: Die Judasgeschichte ist noch nicht zu Ende. Verrat und Tod sollen nicht das letzte Wort haben, wenngleich sie zum Leben dazugehören. Meine Geschichte und Judas' Geschichte ist noch nicht zu Ende, weil meine Geschichte mit dem Vater noch offen ist.

In einem Bibliodrama, das Samuel Laeuchli veranstaltet hat, läßt er Judas und Jesus sich nach zweitausend Jahren noch einmal begegnen. Er will also die Offenheit der Geschichte inszenieren. Judas wird von einer Frau dargestellt. Sie steht mit dem Jesusdarsteller in der Mitte des Kreises und zeigt nach längerem Dialog auf die Umsitzenden.

»Judas: Sie können es nicht aushalten, was zwischen uns geschehen ist! Jesus: Kannst du es aushalten? Judas: Eigentlich auch nicht!«[17]

Unser Durchgang durch die Judas-Jesus-Geschichte ist der Versuch gewesen, das Geschehen, wenn auch nicht auszuhalten, so immerhin eine Zeitlang anzuschauen. Judas und der »Verrat« gehören an den Jüngertisch. Vertrauen und Verrat, Jesus und Judas sind Brüder. Neben aller Verletzung hat der erlittene und der begangene Verrat die Chance, unsere besten Kräfte und schließlich die Liebe hervorzurufen. Sie müßte auch den erweichen, den wir »Gott« nennen, jedenfalls ist das die Sehnsucht.

Gleichwohl ist die Geschichte »nicht auszuhalten«, wie die Judasdarstellerin richtig sagt. Denn: Wir liefern weiter aus und werden ausgeliefert. Wir vertilgen und werden vertilgt, wir verkaufen und werden verkauft. Es ist, wie es ist.

Die Judas- und Jesusgeschichte will diese Realität nicht leugnen. Deshalb endet sie mit Selbstmord und Mord.

Wir freilich haben sie noch einmal aufgenommen, um dem Mord an Jesus und dem Selbstmord des Judas ihre brutale Alleinherrschaft zu bestreiten. Ob das schon bedeutet, daß Mord und Selbstmord am Ende von uns nicht wiederholt werden müssen, ob es also einmal eine, wie die mythische Tradition es nennt, »heilige Hochzeit« zwischen den antagonistischen Kräften von Vertrauen und Verrat geben wird, das lassen wir offen. Auf jeden Fall läßt sich schon jetzt und augenblickshaft nach erlebtem Verrat und gewährter geglückter Verzeihung erfahren, was Johann Wolfgang von Goethe in seinen Wahlverwandtschaften erst einer unbestimmten Zukunft zutraut: »...und welch ein freundlicher Anblick wird es sein, wenn sie dereinst wieder zusammen erwachen.«

Verrat – unvermeidlich und unerträglich

Dem Puritaner gelingt es nie, von der bloßen Verurteilung zum Erbarmen hinüberzukommen. Kann man je von der Verurteilung des Verrats zum Erbarmen mit dem Verräter kommen: Wo kämen wir hin, wenn schließlich das Erbarmen überwöge, das ja etwas anderes ist als Mitleid?

Ich habe im Verlauf dieser Arbeit bemerkt, daß der bestandene Verrat im psychischen Leben wie ein Einbruch wirkt. Es ist ein Einbruch in unser Urvertrauen. Dieser Einbruch ist schlimm. Er kommt nicht von der Urvertrauensseite, also nicht von der Mutter. Gleichwohl hat er die Tendenz, unser Vertrauen zu prüfen, wenn er es nicht ganz und gar bricht. Als Verratene haben wir also zuweilen die Chance mit einem bis zum Äußersten geprüften Vertrauen weiterzuleben. Verrat kann den Betroffenen erwachsen machen. Er ist aus der kindlichen geborgenen Welt herausgefallen und muß nun sehen, wie die reale erwachsene Welt sich ihm darstellt. Er ist verletzt worden, aber er hat auch die Chance bekommen, liebesfähiger zu werden.

Was für die Psychologie gilt, hat auf der religiösen Ebene eine tiefere Entsprechung. Erst der verratene Gläubige ist der Christusnachfolger. Denn mit dem Bild des »Christus« bezeichnet man beide: Täter und Opfer. Judas hat Jesus ausgeliefert. Und Jesus ist daran zugrunde gegangen. Das ist mit Recht als schrecklich empfunden worden. Das Bild von Christus hingegen will noch einmal beide irdischen Personen, Judas und Jesus, umfassen und in Beziehung setzen. Das Bild des Christus will nicht akzeptieren, daß Mord und Selbstmord die letzten Worte sind, die über diese Geschichte gesprochen werden. In Christus sind Jesus und Judas gleichermaßen enthalten. So jedenfalls hat man versucht, zusammenzuhalten, was nicht abgespalten werden darf.

Wir sind nicht Christus, aber heute, im ausgehenden zweiten Jahrtausend, ist es vielleicht gut, sich daran zu erinnern, daß man mit dem Verrat auch leben kann und daß nicht zwingend auf Verrat Tod steht, wie jüngst noch der Fall Rushdie glauben machen wollte. Abgespalten haben wir schon genug. Das Ausmaß der Abspaltungen ist mir erst im Verlauf der Arbeit am Judasthema deutlich geworden. An den Projektionen, die Judas mit zunehmendem Abstand vom historischen Ereignis bekommen hat, habe ich abgelesen, um was wir einander gebracht haben, als wir dies getan haben.

Zunächst und vor allem: Wir haben alles und jeden zum Opfer gemacht, dessen Name und Herkunft nur an Judas erinnerte. Für den Antisemitismus bot sich Judas geradezu an. Und wir haben das Angebot ergriffen. Heute einfach die Sache umzukehren und Judas zum Heiligen zu machen, halte ich jedoch auch, wie gezeigt, für problematisch. Eher fand ich es lohnend, die Konsequenzen zu bedenken, was geschähe, wenn wir – symbolisch – Judas wieder zurückholten aus der Nacht, in die hinein er bei jedem Abendmahl wieder neu verbannt wird. Ich war erstaunt über die Wortähnlichkeiten von »ausliefern«, »überliefern« und »verraten«. Mir geriet durcheinander, was Verrat nun eigentlich ist, wenn schon jedes um Tradition bemühte Geschehen eine Tendenz zum Verrat hat. Aber ich glaube, daß diese Verwandtschaften zwischen den Worten »verraten«, »überliefern« und »ausliefern« auch Verwandtschaften in der Sache sind. Wir machen uns eben selten klar, wie risikoreich und gewagt unsere verschiedenen »Auslieferungen« sind. Und ich bin gewiß, daß ich meistens erst hinterher weiß und spüre, welche meiner »Auslieferungen« als Verrat zu gelten haben und welche nicht.

Wer hier sicher machende definitorische Unterscheidungen wünscht, den muß ich enttäuschen: Verrat ist keine Sache von Definitionen und Entscheidungen. Ich neige dazu, den Verrat beim Verräter und vor allem beim Verratenen als etwas zu bezeichnen, von dem beide, Verräter ebenso wie Verratene, ergriffen werden wie von einem Sturm. Verrat hat also archetypische Dimensionen, wenngleich das nicht von der Verantwortung für den Verrat entbindet. Freilich liegt diese Verantwortung für den *Verräter* nicht darin, daß ich den Verrat zu vermeiden suche. Das halte ich für unmöglich. Die Verantwortung liegt darin, daß ich als Verräter treu zu meiner Tat stehe und sie nicht verdränge oder vergesse. Ich übernehme meine Tat sozusagen in eigene Verantwortung. Also auch der Verräter braucht Treue. Hätte er sie nicht, würde er sich selber schädigen – nicht nur den, den er verrät. Ich unterwerfe mich als Verräter der Scham und der Unfähigkeit, Wort halten zu können. Damit nehme ich meine Schuld auf mich und unterwerfe mich meinem Leiden, was meistens eine gewisse Übung in Demut ist. Verrat hat viel mit Scham zu tun, und das heißt, es läßt sich nur schwer über ihn sprechen. Soweit jedoch schuldhafte Anteile bei meinem Verrat zu entdecken sind, mag ich die Verantwortung auch später übernehmen.

Aber auch der *Verratene* braucht etwas, das ihn oder sie nicht in die »Sackgassen des Verrates« stürzen läßt und das Leben verbittert. Wahrscheinlich braucht er in harmloseren Fällen so etwas wie Humor, falls der noch nicht vergangen ist. Humor kommt ja von *humus,* was mit Erde zu tun hat. Der Verratene braucht die Weisheit, zu erkennen, daß wir irdisch sind.

Darum führte uns der »Verrat« an den Essenstisch. Nirgends als beim Essen kann deutlicher werden, daß unser Genuß verbunden ist mit der Vertilgung anderen Lebens. Verrat an anderem Leben ist unvermeidlich, wenn ich esse und leben will. Das ist eine ebenso banale wie in ihren Konsequenzen vergessene Einsicht. Essen verbindet mich mit der umgebenden Natur. Es trennt mich aber auch von ihr. Und eben darin liegt die schwer auszuhaltende Tragödie menschlicher und jeder oralen Existenz, die von anderen lebt. Ökologisch bedeutet diese Einsicht, daß wir nur soviel von der Natur nehmen sollen, wie wir brauchen. Sozial bedeutet diese Einsicht, daß wir miteinander teilen. Psychisch führt uns die Einsicht, daß wir essend vernichten, zur Notwendigkeit des Opfers. Opfer lassen sich nicht vermeiden. Deshalb wäre es besser, wenn sie freiwillig, bewußt und im eigenen Inneren gegeben würden, als wenn sie gezwungen, von anderen und außen angerichtet werden. Das aber führt schließlich in die religiöse Dimension. Mir ist an dieser Stelle nicht klar, was es für den einzelnen bedeutet, Opfer im Inneren zu bringen. Ein Vorschlag wäre, Berührungen im Sinne erbitterter Konkurrenzkämpfe zu vermindern, also keine Platzherrschaft gegen andere. Wer einmal den Schrecken eines eigenen Opfers bestanden hat, der kann mitgehen beim anderen, und der braucht nicht zu erschrecken, wenn der andere Wege geht, die ich nicht überblicke. Judas und Jesus verstehen hieße, sich dem Sog des polarisierenden Bewußtseins durch Dienen zu entziehen. Freilich muß man dazu die beiden Pole kennen, aushalten, erleiden: vertrauen und verraten. Geschenkt wird einem nichts. Aber wir sind Menschen, und das heißt: Beide Pole gehören zu uns, sie brauchen einander sogar, und sie rufen einander in der Hoffnung, daß am Ende ein durch den Verrat geprüftes Vertrauen steht.

Darum spielt das Geld in der Verratsgeschichte eine so große Rolle. Am Geld läßt sich nämlich erkennen, ob ich nur negative Vorstellungen mit ihm verbinde und ihm darum verfalle oder ob ich mir zutraue, die imaginativen Seiten des Geldes anzusehen, sie einzusetzen und auszuprobieren. Wer Geld nur als »Mammon« verteufelt, hat nur die eine Seite, die verdinglichende, gesehen. Da Geld zum analen Bereich gehört, muß es dem Einseitigen als schmutzig gelten. Es hat aber, wie wir gesehen haben, auch eine lustvolle Dimension. Judas steht bisher nur für die schmutzige Seite: Er verrät um Geld, und er ist unehrlich mit der Kasse. So will es die spätere Legende. Wir jedoch möchten Judas als einen sehen, der auch die andere Seite des Geldes kennt, der ein Stück imaginativen Realismus in die Jüngerrunde bringen könnte. Er wäre gut für die Rolle, der Jüngerunde und damit der Kirche einen weniger moralisierenden, dafür aber imaginativen, phantasievollen und vielleicht auch verschwenderischen Umgang mit dem Geld schmackhaft zu machen.

Das könnte Judas, weil er liebt. Judas ist ein liebender Mensch gewesen, wie sein Kuß zeigt. Wenn Jesus und Judas sich küssen, dann ist nicht, jedenfalls zunächst nicht, »Verrat« im Spiel, sondern Liebe. Das haben die Evangelien nicht mehr zu sehen gewagt. Sie haben der küssenden Annäherung niedere Motive zugeschrieben. Liebe, Eros, gar Sexualität durften sie in dieser Szene nicht finden. Gleichwohl ist der Kuß ein Hinweis, daß neben der oralen und analen eben auch die sexuelle Seite in den menschlichen Beziehungen nicht ausgeklammert, sondern gelebt ist. Aber es sieht so aus, als ob die Menschen damals und heute nichts mehr fürchteten als die Liebe. Darum gehen sie lieber in die »Sackgassen des Verrates«. Die sind aber nichts anderes als Unternehmungen der liebesenttäuschten Seele zum Schutz vor weiteren Verletzungen. Man möchte nicht noch einmal enttäuscht werden. Darum zieht man die Rache oder die Verleugnung oder den Zynismus oder sogar die Selbstaufgabe der verwundbaren, leidenschaftlichen und leidenden Liebe vor.

In der Jesus-Judas-Begegnung aber ist – andeutungsweise – das Gegenteil gewollt. Jesus redet Judas mit »Freund« an. Er will ihn und andere mit der Anrede »Freund«[1] zum Leben verlocken. Das kann er nur, weil er durch Judas »provoziert« worden ist. Es ist, als ob diese beiden Menschen sich sozusagen gegenseitig erschaffen. Sie bereiten sich Situationen, die ebenso schmerzlich wie wandlungsoffen sind. Das gilt selbst für jene Ereignisse, die ein Außenstehender als eben nicht mehr wandlungsoffen ansehen muß: die Selbsttötung des Judas und der Mord an Jesus. Sieht man für einen Moment von der stofflich realistischen Seite dieses Geschehens ab, dann sind sowohl Selbsttötung wie Mord seelische Bilder, die zum Verratserlebnis für Verräter und Verratene gehören.

Zuerst zur Selbsttötung: Judas ist am Ende, als er sich als Auslieferer entdecken muß. Seine gute Absicht hat das Gegenteil bewirkt. Er schämt sich. Und wenn einen Menschen die Scham überwältigt, dann nützt ihm keine Beichte, keine Psychoanalyse mehr. Er hat »sein Gesicht verloren«, wie es in Schamkulturen heißt. Für diese Einsicht gibt es nur die Selbstötung, symbolisch: die Tötung des eigenen Ego und des eigenen guten Willens. Darum kann Jesus sagen: »Vater, vergib ihnen, denn sie wissen nicht, was sie tun.«[2] Das gilt ganz wörtlich für Judas, der nicht »wußte«, was er tat, wenngleich er im Nachhinein erkannte, was geschehen ist. Insofern spiegelt seine, die Judasgeschichte eine tragische Situation: Er wird zum »Auslieferer«, ohne dies eigentlich zu »wollen«, aber er übernimmt die Verantwortung dafür, indem er die Hoffnung auf Wandlung nicht mehr im eigenen »Willen« sucht und festmacht, sondern sie einem anderen anheimgibt. Darum haben wir den Selbstmord des Judas als einen zwar brutalen, aber sehnsüchtigen Wandlungsimpuls interpretiert. Darum glaube ich auch, daß hinter jeder Selbsttötung zuletzt ein verzweifelter Wandlungsimpuls steckt; ein Impuls freilich, der sich selbst und den eigenen Willen als gescheitert und ans Ende gekommen sieht. Für einen Verräter gibt es auf der seelischen Ebene wohl nichts anderes: Er muß anerkennen, daß sein »Wille« gescheitert, daß er vom Verrat ergriffen worden ist und daß seine »Verantwortung« darin besteht, sich selbst auszuliefern an die Tatsache der Anerkennung des Verrates.

Der »Mord« an Jesus ist, neben seiner realistischen und oft genug geschilderten Seite, auch ein seelisches Bild für die große Verletzung, die jemand erleidet, dessen Vertrauen von einem Freund oder einem anderen nahen Menschen enttäuscht ist. Das erlebt die Seele wie eine Passion und einen Mord. Zugleich ist aber auch diese Passion eine Möglichkeit, den Eros und die Leidenschaft hervorzurufen.

Wie ich das meine? Beim Lesen der bisherigen Zeilen bemerke ich, daß mir dieses Buch zu einem Bericht über die, wenngleich tragische, Liebe zwischen Menschen geraten ist. Vielleicht liegt in diesem Widerspruch das göttliche Geheimnis: Eine Verratsgeschichte ruft nach unseren besseren Seiten. Man kann über dieses Mysterium eigentlich nicht berichten; denn man kann nicht über das sprechen, in dem man sich befindet. »Über« heißt »von außen«. Und dorthin gehen, wo ein Bericht möglich ist, würde heißen, den Ort verlassen, an dem man sich befindet. Aus einer lebendigen Erfahrung dadurch herauszutreten, daß man über sie berichtet, heißt meistens, daß man an ihrer Lebendigkeit nicht mehr teilnimmt.

Doch zugleich bot die Judasgeschichte einen Schutz. Ich konnte in sie eintauchen, um zu klären, was ich als Verräter und Verratener bin und sein werde. An manchen Stellen hat diese alte Geschichte mit ihrem merkwüdigen Sprachbildern vom Essen, vom Geld, vom Kuß und vom Ans-Ende-Kommen wie eine Art Führer gewirkt, um durch das Labyrinth der Gefühle hindurchzukommen, die um den Verrat herum entstehen. Jeder ist Judas, das mag eine Behauptung geblieben sein. Judas und damit unser Drama hat jedoch gewirkt. Wer in die Geschichte eingetaucht ist, kann beim Wiederaufsteigen nicht mehr genau sagen, was geschah, man weiß nur, daß man gewandelt worden ist.

Anmerkungen

Erfahrungen mit dem Verrat

1 James Hillman, Verrat, in: Analyt. Psychol. 10, 1979, S. 81–102
2 vgl. dazu besonders ausgeprägt: Eugen Drewermann, Strukturen des Bösen, Bd. 1, Paderborn 1984, 5. Aufl., Kommentar zur Stelle
3 Tilmann Moser, Stufen der Nähe. Ein Lernstück für Liebende, Frankfurt 1981
4 Moser, S. 79 f.
5 Die Legenda aurea aus dem Lateinischen übersetzt von Richard Benz, Heidelberg 1975, S. 216
6 vgl. dazu Wolfgang Teichert, Gärten, Stuttgart 1986, das Kapitel über das Hohe Lied der Liebe, wo eben diese Erfahrung in mythischer Weise wiedergegeben wird.
7 vgl. dazu Peter Schellenbaum, Das Nein in der Liebe, Stuttgart 1984, S. 43 f.
8 Das Zeitalter des Narzißmus, München 1980
9 Walter Benjamin, Über den Begriff der Geschichte, Ges. W. 1, 2, S. 695

Helden und Liebende haben mit Verrat zu tun

1 zitiert bei Gert Bucheit, Judas Iskarioth, Gütersloh 1954, S. 37
2 a. a. O.
3 Dies Entsetzen betont vor allem Dietrich Bonhoeffer in seiner Judaspredigt vom 14. März 1973, Ges. W., Bd. IV, S. 406 ff.
4 Walter Jens, Der Fall Judas, Stuttgart 1975

5 Peter von Matt, Liebesverrat. Die Treulosen in der Literatur, München 1989
6 a. a. O., S. 19
7 1. Korinther 6, 12
8 a. a. O., S. 25

Tradition und Verrat, das Überliefern und Ausliefern

1 Pinchas Lapide, Wer war schuld an Jesu Tod?, Gütersloh 1987, S. 15
2 Luthers Position ist gut referiert bei Kurt Lüthi, Judas Iskarioth in der Geschichte der Auslegung von der Reformation bis zur Gegenwart, Zürich 1955, besonders S. 14 ff.
3 Walter Jens, Der Fall Judas, Stuttgart 1975
4 W. Jens, Juden und Christen in Deutschland, bringt eine Fernsehfassung in schriftlicher Form im ersten Aufsatz dieses Aufsatzbandes, Stuttgart 1989, S. 12
5 Hans Blumenberg, Matthäuspassion, S. 167. Judas sei das »Opfer, an dem die anderen sich messen und entlastet finden«, Frankfurt 1988, S. 171
6 gegen Karl Barth, Kirchliche Dogmatik II, 2, S. 536
7 1. Korinther 11, 22
8 Das hat Karl Barth mutig herausgearbeitet, a. a. O., S. 536
9 Walter Benjamin, Die Aufgabe des Übersetzers, Ges. Schriften IV, 1, Frankfurt/M. 1972, S. 16
10 a. a. O., S. 18
11 »Denn Gottes Zorn wird offenbart vom Himmel über alles Gottlose und Ungerechte der Menschen, die die Wahrheit in Unrecht gefangen halten. . . Daher gab sie Gott dahin. . . « Römer 1, 18.24
12 vgl. dazu Ezzelino von Wedel, Als Jesus sich Gott ausdachte, Stuttgart 1990
13 Markus 14,36 und Parallelen in den anderen Evangelien
14 Schalom Ben-Chorin, Bruder Jesu, Der Nazarener in jüdischer Sicht, München 1977, S. 148

Der verratene Verräter der Judaslegende

1 Ezzelino von Wedel, Als Jesus sich Gott ausdachte, Stuttgart 1990
2 Gerd Theißen, Soziologie der Jesusbewegung, München 1977, S. 20 f.

3 Markus 3,13 und 14,10. Auf dieses doppelte Weggehen hat R. Pesch, Markusevangelium II, S. 341, hingewiesen. Drewermann hat dazu gefragt: Was geht in einem Menschen vor, der zweimal weggeht? Markusevangelium, 2. Teil, S. 424, Anm. 2

4 Darauf hat R. Pesch hingewiesen. Das Markusevangelium II, S. 341. Aber erst E. Drewermann zieht die logische Konsequenz: Es gibt eine Kontinuität und Entsprechung zwischen Berufung und Verrat. Das Markusevangelium, 2. Teil, Olten 1988, S. 424, Anm. 2

5 Erstaunlich ist, daß fast alle »großen« Verräter, auch die aus unserem Jahrhundert, eine solche heimatlose Jugend tatsächlich gehabt haben. Das hat Margret Boveri herausgearbeitet, Der Verrat im XX. Jahrhundert, Bd. 1, Hamburg 1956

6 Legenda aurea, übers. von Richard Benz, Heidelberg 1975, S. 215 f.

7 a. a. O., S. 216

8 in C. G. Jung und K. Kerényi, Einführung in das Wesen der Mythologie, Zürich 1951, S. 44

9 Markus 3, 13

10 E. Drewermann, Markusevangelium, 2. Teil, S. 298

11 Matthäus 4, 19

12 Christopher Lasch, Der konservative Rückschlag und das kulturelle Verhalten, in: Concilium, 17. Jg. 1982, S. 9 f.

13 Friedrich Nietzsche, Umwertung aller Werte, S. 775

14 a. a. O.

15 vgl. E. Drewermann, Von der Unmoral der Psychotherapie – oder von der Notwendigkeit einer Suspension des Ethischen im Religiösen, in: Psychoanalyse und Moraltheologie, Bd. 1, Mainz 1982, S. 79–104

Warum der Verrat beim Abendmahl dominiert

1 Markus 14, 20

2 Eugen Drewermann, Das Markusevangelium, 2. Teil, Olten 1988, Seite 453 in der Anm.

3 Stefan Hardt, Tod und Eros beim Essen, Frankfurt 1987, S. 12

4 E. Lohse, Die Geschichte des Leidens und Sterbens Jesu Christi (Gütersloh 1979), meint, daß der »schmähliche« Judasverrat »nur im Lichte der Schrift überhaupt begriffen werden« kann (S. 45). Aber mit dem Hinweis auf den Psalm ist ja noch nicht geklärt, wo der innere Zusammenhang von Verrat und Brotessen liegt.

5 Manfred Josuttis, Das Abendmahl als heiliges Essen, in: M. Josuttis u. G. M. Martin, Das heilige Essen, Kulturwissenschaftliche Beiträge zum Verständnis des Abendmahls, Stuttgart 1980, S. 122 f.
6 Sigmund Freud, Der Mann Moses, Frankfurt 1964
7 E. Drewermann, Strukturen des Bösen, Bd. 2, S. 244 weist anhand der Urgeschichte auf die orale Ambivalenz der Anorektiker hin.
8 Johannes 6
9 Amos 5, 22
10 E. Drewermann, Das Markusevangelium, 2. Teil, Olten 1988, S. 441 f.
11 Spiegel 46/1988
12 Damit gerät, wie Max Horkheimer (Ges. Werke 7, S. 238) gegen Ende seines Lebens richtig gesehen hat, jede blauäugige Identifizierung mit Gott dahin. »Die Sehnsucht hingegen, daß die Wirklichkeit der Welt mit all ihrem Grauen kein Letztes sei, vereint und verbindet alle Menschen, die sich mit dem Unrecht dieser Welt nicht abfinden wollen und können.« Ich füge hinzu: Sie verbindet auch Jesus und Judas, das Vertrauen und den Verrat.
13 Fr. Schiller, Über die tragische Kunst (1792), zitiert bei E. Drewermann, Psychoanalyse und Moraltheologie, Bd. 1, Mainz 1982, S. 77

Der Lohn des Verräters und das Geld

1 Johannes 12, 3–6
2 Markus 14, 5
3 Matthäus 26, 7
4 Lukas 22, 5
5 W. Wrede, zitiert bei Werner Vogler, Judas Iskarioth, Berlin 1983, S. 100
6 Johannes 2, 13 ff.
7 Markus 10, 25
8 Sacharja 11, 4–17
9 Adolf Guggenbühl-Craig, Seele und Geld, in: Gorgo, Zeitschrift für archetypische Psychologie und bildhaftes Denken, 5/1981, S. 6
10 J. Hillman, Seele und Geld, in: Gorgo 4/1980, S. 31 ff.
11 E. Lohse, Das Evangelium für die Armen, ZNW 1982, S. 67
12 Matthäus 6, 24
13 H. E. Richter, Die hohe Kunst der Korruption, Hamburg 1989, S. 40 ff.
14 Manfred Josuttis, Der Pfarer und das Geld, in: Der Pfarrer ist anders, München 1982, S. 156

15 M. Noth, zitiert bei Josuttis, S. 160
16 G. van der Leeuw, Phänomenologie der Religion, Tübingen 1956, S. 398
17 J. Hillman, a. a. O., S. 37
18 G. Simmel, zitiert bei Josuttis, a. a. O.
19 G. M. Martin, Weltuntergang, Stuttgart 1984, S. 152

Der Judaskuß

1 Das ist schon J. Hillman aufgefallen, Verrat, S. 89
2 Wolfgang Teichert, Gärten, Stuttgart 1986, besonders S. 68 ff.
3 Lukas 22, 47
4 gegen Martin Dibelius, Judas und der Judaskuß, in: Botschaft und Geschichte, Tübingen 1953, S. 272–277
5 Kurt Lüthi, Das Problem des Judas Iskarioth – neu untersucht. Ev. Theol. 2/3, 1956, S. 98–114; vgl. Johannes 18, 2–5
6 Ed. Nestle, ZNW 1914, S. 93, zit. bei Theodor Reik, Der eigene und der fremde Gott, Frankfurt 1975, S. 80
7 vgl. dazu die immer noch spannende Analyse bei Theodor Reik, Die psychoanalytische Deutung des Judasproblems, in: Der eigene und der fremde Gott, Frankfurt 1975, S. 98 ff.
8 E. Drewermann, Das Markusevanglium, 2. Teil, S. 439, betont hier und in seinem gesamten Werk, daß Christus und Gott nicht in Ambivalenzverdacht gebracht werden dürfen. Immerhin gibt es in der theologischen Tradition die Rede vom dunklen und verborgenen Gott.
9 J. Hillmann und andere Jungianer reden von der Notwendigkeit, daß man die »puer aeternus Religiosität« zugunsten eines geprüften »erwachsenen« Glaubens verlassen muß (a. a. O.), vgl. aber auch H. Schipperges, Modelle der Entfremdung und Selbstfindung im hohen Mittelalter, in: Selbstfindung in einer Zeit der Selbstentfremdung, Mannheim 1983. Schipperges berichtet von Hildegard von Bingens Bild des ewigen Jünglings. Ewige Vagabunden sind es, die von solchem Bild geprägt sind. Hildegard: »Da sie sich (Gott) nicht in Furcht unterwerfen, fehlt ihnen jede Weisheit« (S. 63).
10 W. Jens, Juden und Christen in Deutschland, Stuttgart 1989, S. 14
11 P. Lapide, Wer war schuld an Jesu Tod?, Gütersloh 1987, S. 35
12 Uwe Steffen, Die zwei Brüder, Stuttgart 1986. Steffen erwähnt, daß im jüdisch-christlichen Kulturkreis die bekannteste Ausprägung des Modus von den feindlichen Brüdern die Kain-und-Abel-Geschichte ist. Er selbst meditiert im Anschluß an Paulus die Beziehung zwischen Adam

und Christus. Jesus und Judas als Brüder kommen jedoch noch nicht in den Blick. Vielleicht, weil es dort keine erkennbare Versöhnung gibt?

13 Schalom Ben-Chorin, Bruder Jesus, München 1977, S. 153

14 Matthäus 26, 50

15 so der Titel von Schalom Ben-Chorins Buch, wo sich auch der Hinweis auf diesen Kuß findet

16 Das gehört zur existentiellen Grundlage der Philosophie des Friedrich Nietzsche; vgl. Sloterdijk, Der Denker auf der Bühne, Frankfurt 1986, S. 82

Die Sackgasse der Verratenen

1 vgl. Erich Fromm, Anatomie der menschlichen Destruktivität, Stuttgart 1974, S. 246 ff.

2 Peter Sloterdijk, Kritik der zynischen Vernunft, Frankfurt 1983, gibt schöne und gut beobachtete Beispiele, wie der Zynismus als Form des Schutzes vor Verletzung fast alle Lebensbereiche durchdringt.

3 P. Sloterdijk, Kritik. . . , Bd. 1, S. 201

4 vgl. dazu Peter Schellenbaum, Das Nein in der Liebe, Stuttgart 1984

5 Alfons Rosenberg, Zeichen am Himmel. Das Weltbild der Astrologie, 2. Aufl. München 1984, S. 90 f.

6 vgl. K. Reblin, W. Teichert, Gottescourage, Stuttgart 1978

7 J. Hillman, Selbstmord und seelische Wandlung, Zürich 1980, S. 3

8 Peter von Matt, Liebesverrat. Die Treulosen in der Literatur, Frankfurt 1989, S. 28

9 Matthäus 21, 29

10 Max Scheler, Vom Ewigen im Menschen, Bern 1954, S. 33

11 E. Drewermann, Markusevangelium, 2. Teil. S. 434 f.

12 Matthäus 26, 24

13 a. a. O.

14 Hier folge ich Eugen Drewermann nicht. Er meint, Judas sei in »tödliche Schuldgefühle« hineingeraten, in: Psychoanalyse und Moraltheologie, Bd. 3, Mainz 1984, S. 145 f.

15 Peer Hultberg, Scham – eine überschattete Emotion, in: Analytische Psychologie 18, 1987, S. 84–104

Das Gebet Jesu für seine Verräter

1 Lukas 23, 24
2 Matthäus 27, 46
3 Ingeborg Bachmann, Undine geht, Werke zweiter Band, München, Zürich 1982, 2. Aufl., S. 253–263
Peter von Matt, Liebesverrat, hat bereits auf dies »radikalste Konzept von Liebe und Verrat« (München 1989, S. 240) hingewiesen. Mir erscheinen die Parallelen zu Jesus verblüffend. Es scheint mir, als sei Undine fast eine Chiffre für eine moderne Jesusgestalt.
4 I. Bachmann, a. a. O., S. 253
5 I. Bachmann, a. a. O., S. 260
6 I. Bachmann, a. a. O., S. 257
7 I. Bachmann, a. a. O., S. 256
8 I. Bachmann, a. a. O., S. 258
9 Dazu und ausführlich zur Undineliebe: Peter von Matt, a. a. O., S. 240 ff.
10 Lukas 22, 48
11 Markus 15, 34
12 Peter Sloterdijk, Zur Welt kommen – Zur Sprache kommen, Frankfurter Vorlesungen, Frankfurt 1988, S. 54
13 Lukas 22, 43
14 J. Hillman, Verrat, in: Analytische Psychologie 10, 1979, S. 98
15 J. Hillman, a. a. O., S. 99
16 Markus 12, 27
17 Samuel Laeuchli, Die Bühne des Unheils, Stuttgart 1988

Verrat – unvermeidlich und unerträglich

1 Matthäus 26,50
2 Lukas 23,34

Wolfgang Teichert

Gärten

Paradiesische Kulturen

Buchreihe »Symbole«

190 Seiten, vier Farbtafeln, kartoniert · ISBN 3 7831 0767 9

Ein Grundmotiv der realen und der symbolischen Gärten in der Bibel, in Mythos, in Dichtung und Philosophie ist ihr Zusammenhang mit Leben, Sterben, Wandlung und Auferstehung. Gerade als solche sind sie auch Gärten der Liebe und Symbol für die Kultur der Seele. Jeder Garten will ein Stück Paradies sein, spiegelt die Sehnsucht des Menschen nach einer Ganzheit, die verlorenging, aber nicht vergessen werden kann.

Antje Kiehn/Samuel Laeuchli
Heidemarie Langer/Gerhard Marcel Martin
Ruth Passauer/Tim Schramm/Yorick Spiegel
Wolfgang Teichert

Bibliodrama

158 Seiten, kartoniert · ISBN 3 7831 0848 9

Bibliodrama ist von Psychodrama abgeleitet. Aber es ist keine Therapiemethode, sondern vermittelt die Begegnung mit biblischen Geschichten. Der Band vereinigt Darstellungen der Bibliodrama-Praxis von verschiedenen Ansätzen her und Reflexionen über das Verhältnis zwischen Bibliodrama und Exegese sowie Bibliodrama und Seelsorge. Zum ersten Mal wird dieser junge Zweig kirchlicher Erwachsenenbildung vorgestellt und reflektiert.

Kreuz: Bücher zum Leben

Johannes Thiele

Madonna mia

Maria und die Männer

Buchreihe »Tabus des Christentums«
herausgegeben von Wolfgang Teichert

96 Seiten, kartoniert · ISBN 3 7831 1019 X

Kaum etwas ist heute so tief tabuisiert wie das religiöse Gefühl. Die Kritik am Marienkult, wie sie von feministischer Seite, aber auch im modernen Katholizismus selbst laut geworden ist, hat »Unsere liebe Frau« in den Hintergrund gedrängt. Aber gerade für Männer ist Maria ein Symbol, das sie begleiten kann auf dem Weg zu einer differenzierten Wahrnehmung des Weiblichen und echter Religiosität.

Ezzelino von Wedel

Als Jesus sich Gott ausdachte

Die unerwiderte Liebe zum Vater

Buchreihe »Tabus des Christentums«
herausgegeben von Wolfgang Teichert

144 Seiten, kartoniert · ISBN 3 7831 1011 4

Jesus hat Gott zu seinem Vater adoptiert, so die überraschende These dieses Buches, das die Dogmatik vom Kopf auf die Füße stellt. Der Autor identifiziert sich mit dem Sohn Jesus, der seinen idealen Vater zwingen wollte, für alle Menschen sein Reich auf Erden zu gründen, und dafür sogar ans Kreuz ging. Aber der Vater schwieg. Und die Nachfolger Jesu haben Gottvater recht gegeben gegen den Sohn.

Kreuz: Bücher zum Leben